Christopher A. Weidner
Die Glückskatzen-Philosophie

Für Hubble und Kiwi

Christopher A. Weidner

Die Glückskatzen-
Philosophie

Wink dem Glück
und es winkt dir zurück

www.knaur-ratgeber.de

Inhalt

Vorwort

*»Wenn du erkennst,
dass es dir an nichts fehlt,
gehört dir die ganze Welt.«*

Laotse

*»Löst du jemandem sein Problem,
so ist er frei für einen Tag.
Lehrst du ihn das Lösen der Probleme,
so ist er zuversichtlich sein Leben lang!«*

aus China

Fast jeder hat sie schon einmal irgendwo gesehen: die Figur der winkenden Glückskatze aus Japan. Auch bei uns hat sie mittlerweile ihre Fans gefunden und ziert als kleinere oder größere Statue in den verschiedensten Formen und Ausführungen, häufig aus Porzellan oder Keramik, dann wieder aus schnödem Plastik, die Schaufenster der Städte genauso wie heimische Schreibtische. In Japan ist sie aus dem alltäglichen Leben nicht mehr wegzudenken und befindet sich vor allen Dingen in den Eingangsbereichen von Geschäften, wo sie Kunden und ihr Geld anlocken soll.

Ihr japanischer Name ist Maneki Neko, was nichts anderes heißt als die »winkende Katze«. Mal hebt sie die eine, dann die andere Hand, und hin und wieder auch schon mal beide. Mal ist sie batteriebetrieben und winkt uns tatsächlich zu, mal hat sie einfach nur die Pfote wie zum Gruß erhoben, je höher, desto besser. Dabei soll die rechte erhobene Pfote vor allen Dingen Wohlstand und Reichtum herbeiwinken, die linke Besucher anziehen.

Die Farben der Katze variieren und sollen sogar unterschiedliche Arten des Glücks bedeuten: Weiß steht für Reinheit, Grün für Erfolg beim Lernen, Schwarz für Gesundheit, Rot schützt vor schädlichen Einflüssen und stärkt die Liebe, Gold winkt Reichtum herbei, Pink sorgt für Romantik, und Violett steigert die Kreativität. Die beliebteste Maneki Neko aber ist Mikeh, eine weiße Katze mit schwarzen und orangefarbenen Flecken. Sie bringt der Überlieferung nach das meiste Glück.

Einige dieser Glückskatzen sind bemalt und tragen noch ein Symbol bei sich, häufig eine Münze, einen sogenannten Gold-Koban, eine Währung aus der Edo-Zeit. Manchmal tragen sie auch ein Säckchen bei sich, um den Reichtum aufzufangen, oder auch einfach einen Fisch, der ebenfalls für Wohlstand, Stärke und Entschlossenheit steht.

In welcher Variante sie uns auch begegnet, Maneki Neko ist zu einem Kultobjekt auch in unseren Breiten geworden. Doch welche Geschichte steckt hinter dieser Figur? In Japan ranken sich zahlreiche Legenden um dieses Glückssymbol. Die bekannteste Geschichte ist die vom armen Mönch, der in einem verfallenen Tempel mit seiner bunten Katze lebt. Als eines Tages ein reicher Fürst in der Nähe des Tempels vom Regen überrascht wird und unter einem Baum Schutz sucht, sitzt die Katze vor dem Tempel und scheint dem Fürsten zuzuwinken. Dieser sieht darin ein Zeichen und folgt dem Wink. Kaum hat er den Baum hinter sich gelassen, schlägt in diesen auch schon der Blitz ein. Weil die Katze durch ihr Winken sein Leben gerettet hat, beschenkt der Fürst den Mönch reichlich und richtet den Tempel wieder auf. Es soll der heutige Gōtokuji-Tempel in der Nähe von Tokio sein. Heute noch kann man dort einen Schrein der winkenden Katze besuchen – und natürlich Maneki Nekos in allen Farben, Formen und Preislagen erstehen.

Ein etwas unbekannteres Märchen berichtet vom Kater Mikeh, der aufbricht, um das Glück zu suchen. Diese Geschichte hat mich zu der Fabel inspiriert, die ich in diesem Buch erzählen möchte. Ich habe mir erlaubt, die Geschichte zu einer (möglichen) Antwort auf die Frage werden zu lassen, was Glück eigentlich ist und wie wir es finden können. Für mich verkörpert die Reise des Mikeh so etwas wie die Suche des Menschen nach einem Zustand, in dem alle unsere Probleme und Sorgen gelöst sind. Viele von uns glauben, dass dieser Zustand in weiter Ferne liegt und vielleicht nie erreicht werden kann. Ihnen möchte ich diese Geschichte erzählen, in der am Ende Glück nicht etwas ist, das uns fehlt, sondern etwas, das uns die ganze Zeit umgibt – wir müssen nur beginnen, es wahrzunehmen.

Die Geschichte könnte auch nur für sich alleine sprechen, doch ich habe mir erlaubt, sie in eine Rahmenhandlung zu setzen, die verschiedene Aspekte noch einmal beleuchtet und vertieft. Im Gespräch zwischen Hiruroshi und seinem Schüler Kimusuko, der sich gemeinsam mit dem Leser und mir die Frage stellt, was eigentlich Glück ist, werden weitere Details sichtbar.

Am Ende des Buches fasse ich die Ideen der Geschichte zu einem Leitfaden zusammen, der Sie, liebe Leserin und lieber Leser, ermutigen soll, die Strategie der Glückskatze im alltäglichen Umgang mit Ihren Problemen auszuprobieren. Ich habe mich dabei von den Ideen der Lösungsfokussierung, wie sie von Insoo Kim Berg und Steve de Shazer für die Beratungspraxis entwickelt wurde, anregen lassen. Zu besonderem Dank fühle ich mich hierbei Insa Sparrer und Mathias Varga von Kibéd verpflichtet, die mich auf den Geschmack einer lösungsorientierten Lebensweise gebracht haben.

Viel Glück!
Christopher A. Weidner

Teil 1

Die Geschichte von Mikeh, der Glückskatze

Prolog

Hiruroshi und Kimusuko

Irgendwo in Japan zu irgendeiner Zeit saß unter einem großen alten Eibenbaum der weise Gelehrte Hiruroshi. Vorbeigehende hätten den meditierenden alten Mann mit seinem langen, weißen Haar und seinem grauen Gewand für einen Stein halten können, so still saß er da, war eins mit der Natur und meditierte.

Niemand wusste genau, wie alt Hiruroshi war. Die alten Leute im Dorf erzählten, dass schon in ihrer Jugend sein Bart lang und weiß wie Schnee auf dem heiligen Fuji war und sein Gesicht runzelig wie die Rinde der Eibe, unter der er saß. Aber alle wussten, dass er der klügste Mann weit und breit war, vielleicht sogar der Weiseste aller Weisen überhaupt.

Daher suchten ihn die Bewohner des Dorfes immer wieder auf, um ihn um Rat zu fragen. Als Gegenleistung brachten sie ihm Reiskuchen oder frische Schafsmilch mit. Geduldig hörte er sich dann ihre großen und kleinen Nöte an und gab ihnen mit ruhiger Stimme Antwort. In der Regel sprach er in Bildern, so dass der Ratsuchende zunächst genauso ratlos, wie er gekommen war, wieder davonzog. Dann aber enthüllte sich der Sinn seiner Worte ganz unerwartet: eine alltägliche Geste, ein sonst unbedeutender Wink wurde auf einmal zum Schlüssel des Rätsels. Nicht wenige fielen vor

Überraschung auf die Knie und dankten voller Ehrfurcht dem Himmel, dass er ihnen einen solch weisen Menschen in ihre Nachbarschaft geschickt hatte. Die Leute des Dorfes schätzten sich einfach glücklich, dass Hiruroshi sich in ihrer Nähe niedergelassen hatte, auch wenn sie weiter wenig über ihn wussten.

Im Dorf lebte auch der junge Kimusuko bei seiner Mutter. Eines Tages saßen sie nach dem Abendessen noch eine Weile zusammen und Kimusuko sagte: »Andere meines Alters wissen schon ganz genau, was sie später einmal werden wollen. Der Sohn des Müllers will die Mühle übernehmen. Die Tochter des Bürgermeisters wird in die Stadt gehen, um zu studieren. Nur ich weiß nicht so recht, was aus mir werden soll.« Seine Mutter lächelte. »Ach Kind, alles, was ich mir für dich wünsche, ist, dass du glücklich wirst.«

Mit dieser Antwort hatte der junge Mann gar nicht gerechnet. Glücklich sein? Wie könnte das aussehen?

Einmal saß er an einem lauen Sommerabend im Gras, ganz in Gedanken versunken, als sich ein Schmetterling auf seiner Hand niederließ, dessen Flügel im Licht der untergehenden Sonne wie Samt leuchteten. Für einen Augenblick war er ganz versunken in diesen Anblick und hatte alles um sich herum vergessen. Nur dieser Schmetterling auf seiner Hand war in seinem Bewusstsein. Sonst nichts. Mit einem Mal erhob sich der Falter und flog davon. Da erst merkte Kimusuko, wie schön dieser Augenblick war, und es erfüllte ihn mit leiser Wehmut, dass er ihn nicht festhalten konnte.

Er fühlte sich glücklich. Aber war das das Glück, das seine Mutter meinte? Wenn es das war, wie sollte er glücklich werden, denn ein solcher Augenblick ließ sich nicht herbeiwünschen oder gar planen – er ergab sich einfach.

Weil er herausfinden wollte, was es mit diesem Glück auf sich hatte, beschloss er, die Menschen in seinem Dorf zu beobachten. Sie mussten doch mittlerweile ihr Glück gefunden haben.

Dabei machte er eine seltsame Feststellung: Obwohl es keinem der Dorfbewohner schlecht ging und alle genug hatten, um ein schönes und friedliches Leben zu leben, machten sie bei genauer Betrachtung alles andere als glückliche Gesichter.

Da war der reiche Müller, den all sein Geld und sein Besitz nicht froh machten, im Gegenteil: Je mehr er sein Eigen nannte, umso mehr schien er besitzen zu wollen, und umso größer wurde seine Angst, es zu verlieren. Er zitterte vor jedem Schatten, aus Furcht, ein Dieb könnte sich darin verbergen.

Und da war die schöne Schneiderin, die viele Verehrer hatte, aber keinen, mit dem sie ihr Leben teilen wollte. Die Wahrheit war, dass sie Stunden damit verbrachte, sich herauszuputzen, bevor sie das Haus verließ, damit niemand sehen konnte, dass sie in Wirklichkeit sehr viel älter war.

Oder der fleißige Bauer, der den ganzen Tag auf den Reisfeldern verbrachte und das Dorf mit dem besten und feinsten Reis versorgte, was ihm das höchste Ansehen einbrachte. Abends aber war er so müde, dass er keine Zeit mehr für seine Kinder hatte. Und wenn er morgens früh zur Arbeit ging, dann stand er so früh auf, dass seine Kinder noch schliefen. Befürchtete er, dass ihn niemand mehr mögen würde, wenn er aufhören würde, so fleißig zu sein?

Und Kimusuko beobachtete den klugen Lehrer, der jede Pflanze und jedes Tier beim Namen nennen konnte und schon in viele Gegenden der Welt gereist war. Auch er schien nicht glücklich zu sein, denn wenn er nach dem Unterricht nach Hause ging, hörte Kimusuko ihn oft seufzen, wenn er an den Häusern seiner Nachbarn vorbeiging, aus denen das fröhliche Gelächter von Familien drang. Dann vergrub er sich in seinen eigenen vier Wänden zwischen seinen Büchern.

Jeder von ihnen hatte eine besondere Fähigkeit, aber keinem von ihnen schien sie Glück zu bringen. Ob Reichtum, Schönheit, Ansehen oder Wissen – für alle diese Gaben musste ein Preis bezahlt werden. Und dieser Preis war so hoch, dass keiner von ihnen wirklich glücklich war, obwohl es ihnen äußerlich an nichts fehlte. Glück, davon war Kimusuko überzeugt, sieht anders aus. Aber wie?

Alle Menschen suchen nach Glück. Aber wie kann man es finden? Und wenn ich es gefunden habe, woran merke ich, dass dies das Glück ist, nach dem ich gesucht habe?

Kimusuko konnte keine zufriedenstellende Antwort auf diese Frage finden. Da fasste er den Entschluss, Meister Hiruroshi um Rat zu fragen. Bislang hatte er die Nähe dieses weisen Mannes gemieden, zu groß war seine Ehrfurcht vor ihm – und natürlich hatte er auch ein bisschen Angst davor, sich mit seiner Frage zu blamieren. So schob er sein Vorhaben noch eine Weile vor sich her, formulierte seine Frage in immer neuen Sätzen. Eines späten Nachmittags jedoch fasste er sich schließlich ein Herz und lenkte seinen Schritt aus dem Dorf hinaus, die kleine Anhöhe hinauf zum alten Eibenbaum. Dort fand er den Meister, wie er auf einem Stein saß und den Boden zwischen seinen Füßen betrachtete, die Hände und den Kopf auf einen knorrigen Stock gestützt.

Hiruroshi machte keine Anstalten, den Kopf zu heben, auch wenn er den jungen Mann kommen gehört haben musste. Kimusuko trat eine Weile verlegen von einem Fuß auf den anderen. Schließlich räusperte er sich leise, dann etwas lauter. Gerade als er sich wieder abwenden wollte, kicherte der alte Mann etwas Unverständliches in seinen Bart hinein und blickte Kimusuko schließlich aus zwei freundlichen, mausgrauen Augen an.

»Mein junger Freund, du willst schon wieder gehen?«

»Ich dachte, ich wollte ...«, stotterte Kimusuko.

»Diese Schnecke hier zu meinen Füßen. Siehst du, wie sie sich gefräßig über diese wunderschöne Blume hermacht? Schon seit Tagen warte ich darauf, dass sich ihre Knospe öffnet. Heute war es endlich so weit. Ganz langsam entfaltete sich ihr Blütenkelch. Was denkst du: Soll ich nun betrübt sein, dass die Schnecke diese kostbare Pracht der Natur zerstört, oder soll ich mich für das Tierchen freuen, weil es einen so köstlichen Leckerbissen gefunden hat?«

Kimusuko zögerte. Wollte Hiruroshi ihn prüfen? Dann aber beantwortete er beherzt:»Verehrter Hiruroshi, beides zugleich ist möglich. Einerseits habt Ihr die Blüte ja gesehen und nun tragt Ihr sie in der Erinnerung, wo sie weiterblühen wird, selbst wenn sie verwelkt wäre. Andererseits könnt Ihr beobachten, wie die Dinge ihren Lauf nehmen und wie sich alles in den wunderbaren Kreislauf der Natur einfügt. Vielleicht war es der Blüte auch bestimmt, von dieser Schnecke gefressen zu werden.«

Hiruroshi lächelte.»Eine gute Antwort, Kimusuko.«

Woher kannte der Weise nur seinen Namen? Doch bevor er sich darüber Gedanken machen konnte, fuhr der alte Mann fort:

»Doch es gibt noch eine andere Möglichkeit. Ich könnte traurig sein oder fröhlich sein oder beides zugleich und wissen, dass meine Trauer und meine Freude nichts mit meiner Beobachtung zu tun haben, sondern in mir sind. Ob einer sich freut und der andere beim selben Anblick trauert, hängt nicht davon ab, was sie sehen, sondern mit welchen Augen sie es betrachten. Am Ende ist es doch nur eine Schnecke, die eine Blume frisst.«

Kimusuko ahnte, was Hiruroshi damit sagen wollte, doch ganz verstanden hatte er es nicht. Doch anstatt nachzufragen, schwieg er lieber.

»Was bewegt dich, junger Freund?«, lud ihn der Gelehrte ein.

»Verzeiht, dass ich Euch hier in Eurer Betrachtung gestört habe, ehrenwerter Hiruroshi. Doch in letzter Zeit treibt mich eine Frage an, auf die ich beim besten Willen keine Antwort finden kann. Ich beobachte die Menschen in meiner Umgebung und ich sehe, dass sie alle danach streben, glücklich zu werden, jeder auf seine Weise. Doch dann stelle ich fest: Geld macht glücklich – bis es mir gestohlen wird. Wer schön ist, ist glücklich – solange er jung ist. Wer berühmt ist, ist glücklich – solange die Leute sich für einen interessieren. Wer einen Partner hat, ist glücklich – bis der Partner ihn verlässt. In nichts auf der Welt scheint das Glück sich wirklich dauerhaft niederlassen zu wollen – wie ein Schmetterling auf meiner Hand. Was also ist das Geheimnis dauerhaften Glücks?«

Hiruroshi hörte aufmerksam zu und strich sich nur gelegentlich über seinen Bart. Nachdem Kimusuko aufgehört hatte zu sprechen, schwieg er eine Weile und blickte dabei den jungen Mann unverwandt an, so als ob er ihn prüfen wollte. Irgendetwas in Kimusukos Blick musste ihn davon überzeugt haben, dass es ihm ernst mit dieser Frage war, denn er sprach nur: »Eine gute Frage.«

Dann hellte sich Hiruroshis Blick auf, und er wirkte fast ein wenig erheitert, als er sagte: »Und nun geh nach Hause.« Und weil Kimusukos Verblüffung nicht zu übersehen war, fügte er mit einem verschmitzten Lächeln hinzu: »Komme morgen zur selben Zeit zurück. Dann will ich dir eine Antwort geben. Diesmal aber vergiss nicht, mir etwas Reiskuchen mitzubringen, junger Freund.« Erleichtert verneigte sich Kimusuko vor dem Greis, bedankte sich und versprach, pünktlich zur Stelle zu sein. Dann eilte er zurück ins Dorf.

Als Kimusuko am nächsten Tag seiner Mutter erzählte, dass er mit dem Alten vom Eibenbaum verabredet war, blickte sie ihn zunächst nur mit großen Augen an, dann lächelte sie und sagte: »Wenn du zu einem Weisen gehst, komme nicht mit leeren Händen.« Daraufhin packte sie ein besonders großes Stück Kuchen ein und küsste ihren Sohn sanft auf die Stirn. Und dann fügte sie, wie es manchmal ihre Art war, ein altes Sprichwort hinzu, das sie wie einen Segen über ihren Sohn aussprach: »Wenn du einen grünen Zweig im Herzen trägst, wird sich ein Singvogel darauf niederlassen.«

Der junge Mann eilte aus dem Dorf hinaus, um pünktlich zur verabredeten Zeit an der verabredeten Stelle zu erscheinen.

Er fand Hiruroshi wieder auf seinem Stein sitzen und etwas in seinem Schoß halten. Bei näherem Betrachten erkannte er eine Katze, die sich von dem alten Mann streicheln ließ. Als Kimusuko sich näherte, spitzte sie zunächst nur die Ohren, dann hob sie ihren Kopf und blickte ihn neugierig an. Dann sprang sie mit einem kurzen Maunzen herunter und begrüßte den Ankommenden mit einem lauten Schnurren, während sie ihm um die Beine strich. Plötzlich ließ sie wieder von ihm ab, reckte sich genüsslich, putzte sich kurz hinter den Ohren und sprang mit einem Satz zurück auf den Schoß des Weisen, wo sie sich zusammenrollte. Noch einmal blinzelte sie schläfrig, dann schloss sie die Augen und ließ sich nicht weiter stören, während der Alte seine Streicheleinheiten fortsetzte und ihr etwas leise ins Ohr murmelte.

Der junge Mann verneigte sich und überreichte dem Weisen ein Tuch, in das das besonders große Stück Reiskuchen eingeschlagen war.

Hiruroshi nickte zufrieden, packte das Geschenk in eine Falte seines Gewandes und hieß ihn, sich zu setzen. Kaum hatte der junge Mann sich niedergelassen, begann Hiruroshi auch schon zu sprechen.

23

Kapitel 1

Das Glück verlässt die Nakumaras

Etwas außerhalb einer Stadt lebte Herr Nakumara mit seiner Frau, nahe an einem großen Fluss, wo sie ein kleines Gasthaus betrieben, gleich neben einer Brücke, dem einzigen Übergang über das Gewässer. Dort bewirteten sie die Reisenden mit frischem Reiskuchen, warmem Sake und köstlichem Tee. Da über diese Brücke eine wichtige Straße führte, konnten sich die Nakumaras über zahlreiche Kundschaft freuen. Zwar ernährte das Geschäft sie nur mehr schlecht als recht, aber es war genug, um sich keine Sorgen machen zu müssen. Es war so viel, wie sie zum Leben brauchten, und reichte überdies, um ihren über alles geliebten Kater Mikeh mit zu versorgen.

Mikeh war etwas ganz Besonderes. Sein bunt geflecktes Fell vereinte in sich die Farben Weiß, Rot und Schwarz. Doch abgesehen davon war er ein ganz gewöhnlicher Kater und tat am liebsten das, was alle Katzen gerne tun: schlafen, den Nakumaras um die Beine streichen, fressen, schlafen, Haus und Garten erkunden, schlafen, mit Kieselsteinen spielen, einer Fliege hinterherjagen, in der Sonne dösen und anschließend – schlafen. Für Mikeh war das Haus der Nakumaras ein Paradies. Hier hatte er alles, was er brauchte und zudem jede

Menge Abwechslung, denn die Reisenden, die hier eine Erfrischung suchten, brachten stets Neuigkeiten aus fernen und entlegenen Regionen des Landes mit. Mikeh lauschte gerne ihren Erzählungen, wenn sie sich bei einer Schale Tee von den Strapazen der Reise erholten und die Nakumaras ihnen Gesellschaft leisteten. Dann legte er sich im Winter ganz in die Nähe des Feuers oder im Sommer in die Sonne, blinzelte schläfrig vor sich hin und reiste in seiner Vorstellung an all die fremden Orte, von denen die Gäste berichteten. Wenn aber die Fremden das Gasthaus wieder verlassen hatten, schmiegte er sich umso mehr an Frau oder Herrn Nakumara, ließ sich gründlich streicheln und schnurrte, was das Zeug hielt, um ihnen zu sagen, wie wohl er sich bei ihnen fühlte und dass es zu Hause doch am allerschönsten wäre.

Einmal kehrte ein Mönch in das Haus der Nakumaras ein. Mikeh schloss sogleich Freundschaft mit ihm, denn als einer der wenigen Gäste schenkte er dem Kater von Anfang an seine Aufmerksamkeit und lud ihn sogar zu sich an den Tisch, wo er ihm etwas von seinem Reiskuchen abgab. Dieser Mönch sprach mit einer so weichen und sanften Stimme zu Mikeh, dass er vor Wonne in den höchsten Tönen schnurrte.

Der Mönch erzählte Mikeh, dass er auf seiner Reise dem Katzenkönig Njan-Njan begegnet sei, der in einem verfallenen Tempel am Fuße des Berges Fuji lebte. Von nah und fern suchten Katzen, die in Not geraten waren, ihn auf, um dort Rat bei dieser weisesten aller Katzen zu bekommen. Als der Mönch sah, dass Mikeh seinen Worten mit großen Augen und gespitzten Ohren folgte, lachte er: »Seht nur, eurem Kater hat meine Geschichte wohl gut gefallen!« Da lachten auch die Nakumaras, und Mikeh verzog sich. Bald hatte Mikeh den Katzenkönig Njan-Njan vergessen.

Aber nicht nur freundliche Mönche kamen am Haus der Nakumaras vorbei. Immer zur Zeit des Vollmondes erhob sich ein entsetzliches Getöse in der Ferne, und eine Staubwolke erhob sich am Horizont. Wenn die Nakumaras dies sahen, rannten sie schnell in ihr Haus und verschlossen die Türen. Nicht lange danach donnerte eine Gruppe düsterer Gestalten auf schwarzen Pferden vorbei und über die Brücke, um dann wieder in der Ferne zu verschwinden. Es waren sieben Samurai, bis an die

Zähne bewaffnet und im Auftrag des Kaisers unterwegs. Niemand mochte sich gerne mit ihnen anlegen und alle waren froh, wenn sie so schnell, wie sie aufgetaucht auch wieder verschwunden waren. Solange Mikeh bei den Nakumaras lebte, war es nicht vorgekommen, dass diese unheimliche Schar einmal haltgemacht hatte, und wenn er sah, wie sich die beiden fürchteten, wünschte er sich, dass dies immer so bleiben möge.

Doch abgesehen davon war das Leben im Haus am Fluss bei der Brücke wirklich herrlich – bis sich eines Tages alles schlagartig änderte.

Eines Tages erkrankte Herr Nakumara schwer und konnte das Bett nicht mehr verlassen. Da nun ihr Mann ausfiel, versuchte Frau Nakumara, so es eben ging, sich um die Bewirtung der Gäste zu kümmern. Doch mit halber Kraft ließ sich das ohnehin schon magere Geschäft gar nicht mehr aufrechterhalten. Immer weniger Gäste fanden den Weg in ihr Haus, und als auch Frau Nakumara krank wurde, war es ganz vorbei. Die Nakumaras mussten selbst die wenigen Gäste wieder fortschicken. Das Glück hatte die Nakumaras verlassen.

Mikeh war voller Sorge und konnte es kaum ertragen, seine liebsten Menschen so geschwächt daniederliegen zu sehen. Aber was konnte er tun? Da erinnerte er sich an die Geschichte vom Katzenkönig, und er beschloss, sich auf den Weg zu machen. Vielleicht würde der Katzenkönig eine Antwort darauf geben, wie das Glück wieder Einzug in das Haus der Nakumaras halten könnte. Mikeh verabschiedete sich eines Abends von dem Ehepaar, indem er den beiden noch einmal leise maunzend um die Beine strich. Er versprach ihnen, so schnell wie möglich zurückzukehren. Dann verließ er noch vor Sonnenaufgang das Haus, lief durch den Garten und auf die Straße hinunter, überquerte die Brücke und drehte sich nicht eher um, bis die Morgensonne hinter ihm aufgegangen war. Doch da war von dem kleinen Haus an der Brücke schon nichts mehr zu sehen.

Hiruroshi schwieg und schien auch keine Anstalten zu machen, mit der Geschichte fortzufahren. Auch die Katze auf seinem Schoß war mittlerweile erwacht, gähnte genüsslich, reckte sich, sprang herunter und begann, sich im Gras zu putzen. Kimusuko war verwirrt – war das die Antwort auf seine Frage? Was hatte das Ganze mit seiner Suche nach dem Glück zu tun? Vielleicht brauchte der alte Mann auch nur eine Pause? Seine Verwirrung schien Kimusuko ins Gesicht geschrieben zu sein, denn Hiruroshi sagte nur: »Ich sehe, du hast Fragen.«

»Ja, ehrwürdiger Meister. Eure Geschichte erscheint mir in vielen Punkten merkwürdig. Warum, Meister, verlässt Mikeh seine kranken Herrschaften, wenn er ihnen doch helfen möchte? Angenommen, meine Mutter würde erkranken.

Niemals würde ich sie im Stich lassen! Ich würde bei ihr bleiben, um durch meinen Beistand ihre Not zu lindern. Es erscheint mir unsinnig, ja sogar fahrlässig, dass Mikeh die Nakumaras sich selbst überlässt, anstatt dort zu bleiben, wo seine Hilfe nötig ist! Er war doch das Einzige, was sie noch hatten! Verstärkt er nicht dadurch ihr Leid? Nun müssen sie denken, dass sogar ihre Katze sie in der größten Not im Stich gelassen hat. Wenn es brennt, dann laufe ich doch nicht weg, sondern sehe zu, was ich vor Ort tun kann!«

Hiruroshi nahm seinen Stock und fegte damit die Blätter vor seinen Füßen zur Seite, so dass eine große freie Fläche im Staub sichtbar wurde. Dann hob er einen schwarzen Stein auf und ließ ihn auf diese Fläche fallen.

»Was siehst du?«

»Ich sehe einen schwarzen Stein.«

»Soll ich dir sagen, was ich sehe? Ich sehe eine weiße Fläche. So wie dir geht es den meisten Menschen. Dieser schwarze Stein steht für ein Problem, das sich uns stellt. Kaum ist es aufgetaucht, konzentriert sich all unsere Aufmerksamkeit auf das, was das Problem ist. Wir sehen nur noch das, was unser Leben auf einmal schwierig macht. Dabei vergessen wir, dass es rings um den schwarzen Stein noch jede Menge weiße Fläche gibt. Kannst du dir vorstellen, was diese weiße Fläche bedeutet?«

»Ich verstehe. Die weiße Fläche ist das, was in unserem Leben von diesem Problem nicht berührt wird, das, was immer noch gut läuft, trotz der Schwierigkeiten, die sich uns in den Weg stellen.«

32

»Und was wir aus den Augen verlieren, weil sich unser ganzes Leben um das eine Problem zu drehen beginnt«, ergänzte Hiruroshi. »Die Fläche umfasst aber auch noch mehr: Sie enthält auch die Dinge, die wir noch nicht in Betracht gezogen haben, die Möglichkeiten, die uns zur Verfügung stehen. Auch diese können wir nicht sehen, solange wir unseren Blick nicht vom Problem lösen.«

»Aber ist es nicht natürlich, dass wir uns erst einmal dem widmen, was gerade schiefläuft?«

»Die meisten Menschen denken: Die Lösung eines Problems kann nur dort geschehen, wo sich das Problem zeigt. Ich aber schließe mich der weisen Entscheidung des Katers Mikeh an und sage: Die Lösung ist etwas anderes als das Problem, sie hängt nicht davon ab. Wenn wir uns vom Problem abwenden, dann wenden wir uns der Lösung zu.

Probleme haben jedoch eine große Anziehungskraft. Sie halten uns in ihrem Bann. Also gilt es, diesen Bann zu brechen, wenn wir etwas verändern wollen. Dies geschieht am leichtesten, wenn wir etwas Neues tun. Und manchmal bedeutet dies auch, den Kreis des Gewohnten zu verlassen.

Indem Mikeh aufbricht, tut er etwas, was er vorher noch nie getan hat. Bis zu diesem Zeitpunkt war das Haus der Nakumaras der Mittelpunkt seiner Welt. Er hat dieses Zuhause noch nie zuvor verlassen. Aber er hat erkannt, dass er vor Ort nichts ausrichten kann. Er besinnt sich darauf, dass er noch gesund ist. Darum beschließt er, sich nicht länger mit dem Problem aufzuhalten, sondern eine Lösung zu suchen.«

Kimusuko überlegte. »Ist es nicht nachlässig, einer Geschichte zu folgen, von der man nicht einmal weiß, ob sie wahr ist oder nicht?«

»Entscheidend ist nicht, ob es den Katzenkönig wirklich gibt oder nicht. Entscheidend ist, dass diese Geschichte Mikeh Hoffnung gibt. Es ist eine Chance, die ihn bewegt, etwas anders zu tun, als er es bisher gemacht hat. Ohne diese Geschichte würde Mikeh wahrscheinlich noch immer bei den Nakumaras sitzen. Wenn wir uns erst einmal in Bewegung gesetzt haben, um eine Lösung für unsere Probleme zu finden, dann ist alles, was uns motiviert, dies zu tun, richtig.

Dies ist meine erste Lektion für dich, Kimusuko. Und jetzt gehe nach Hause und komme morgen wieder, dann will ich dir erzählen, welchen Herausforderungen sich der mutige Kater Mikeh auf seinem Weg zum Katzenkönig stellen musste.«

Mittlerweile ließ die sinkende Sonne den alten Eibenbaum rot aufleuchten, und ein kühler Wind fuhr flüsternd durch seine Zweige. Kimusuko erhob sich, dankte dem weisen Alten mit einer tiefen Verbeugung und machte sich auf den Heimweg. Während er seine Schritte zurück ins Dorf lenkte, dachte er weiter über die Worte Hiruroshis nach. Was hatte er heute über den Weg zum Glück erfahren? Wenn du glücklich werden willst, dann konzentriere dich auf das, was gut läuft. Wenn du auf Schwierigkeiten triffst, dann erinnere dich an das Gute in deinem Leben. Wenn du ein Problem lösen möchtest, dann öffne deinen Blick für die

Möglichkeiten, die du hast, und mache etwas anders. Nimm Abstand von dem, was dich belastet, damit du es aus einem anderen Blickwinkel betrachten kannst.

Und dann dachte er noch: »Vielleicht stelle ich die Frage falsch, wenn ich wissen möchte, wie ich glücklich werden kann. Vielleicht sollte ich mich fragen, wie ich das Glück, das in meinem Leben bereits vorhanden ist, bewusster wahrnehmen kann.«

Kapitel 2

Mikeh und die schwarze Katze

Kimusuko konnte es gar nicht erwarten, die Fortsetzung der Geschichte von Mikeh zu hören. Er war nicht nur neugierig, wie es dem Kater auf seiner Reise weiter ergehen würde, sondern die Geschichte hatte auch jede Menge Fragen in ihm aufgeworfen. So eilte er zur verabredeten Zeit zur alten Eibe, wo er Hiruroshi wie am Tag zuvor auf seinem weißen Stein sitzend fand, den Kopf auf einen knorrigen Ast gestützt, die Augen geschlossen: Er schien zu meditieren. Der junge Mann traute sich nicht, die Gedanken seines Lehrers zu stören, und so setzte er sich ins Gras und wartete. Als seine Ungeduld einen Punkt erreicht hatte, an dem es Kimusuko kaum noch aushalten konnte, öffnete Hiruroshi plötzlich die Augen und lächelte. Er hieß Kimusuko wieder Platz zu nehmen, und ohne weitere Verzögerungen setzte er die Geschichte fort.

Nach einer Weile veränderte sich die Landschaft. Wo zuvor noch blühende Kirschbäume Mikehs Weg gesäumt und die saftigen Weiden der reichen Bauern sein Auge erfreut hatten, wurde das Land zusehends karger und trostloser. Der Pfad wurde immer steiniger und der Wind pfiff immer unfreundlicher um Mikehs Ohren. Am Horizont zogen dunkle Wolken auf und ein Donnergrollen kündigte von einem nahenden Unwetter, als er den Rand eines dichten Waldes erreichte.

Bald würde es anfangen zu regnen und es wurde Zeit, sich einen Unterschlupf zu suchen. Nicht, dass Mikeh etwas gegen Regen hatte. Nur sah er ihn lieber von drinnen an die Scheiben der Fenster im Haus der Nakumaras klopfen, nachdem er es sich auf der Fensterbank gemütlich gemacht hatte. Nun wurde ihm bewusst, dass er ohne ein trockenes Plätzchen vor allen Dingen eines würde: schrecklich nass – eine abscheuliche Vorstellung für jede Katze!

Umso schneller machte er sich auf die Pfoten und verfolgte den Pfad mitten in den Wald hinein, bis er schließlich auf eine Lichtung gelangte. Zu seiner Überraschung befand sich dort ein kleines Erdhäuschen, hinter dessen Fenster ein schwaches Licht flackerte. Ohne lange zu überlegen, ob dies eine gute Idee war, lief er auf die Tür zu und klopfte. Keine Sekunde zu spät öffnete sich diese, denn schon begann es, wie aus Kübeln zu schütten. Mikeh witschte durch den Türspalt und war drinnen.

Vor ihm stand eine große Katze mit pechschwarzem Fell – und einer dicken Brille auf der Nase, hinter der neugierige grüne Augen fragend blitzten.

»Verzeiht mein Eindringen, ehrenwertes Schwarz-fell«, stammelte Mikeh. »Aber das Unwetter ließ mir keine andere Wahl, als euch um einen Unterschlupf zu bitten.«

»Schon gut, mein bunter Freund.« Die schwarze Kat-ze rückte sich mit der Pfote die Brille zurecht. »Es war die richtige Entscheidung. Nicht nur wegen des Wetters, sondern auch, weil es schon bald dunkel wird. Und dann ist der Regen hier im Wald nicht mehr dein einziges Problem. Aber keine Angst. Hier drinnen bist du sicher. Bleib also die Nacht über hier und setze deinen Weg bei Anbruch des Tages fort. Es ist nur so, ich bekomme selten genug Besuch. Ich bin also schlecht darauf vorbe-reitet, einen Gast zu bewirten. Mein Name ist übrigens Kuroneko.«

»Man nennt mich Mikeh. Werter Kuroneko, ich dan-ke Euch für Eure Fürsorge. Aber ich benötige nicht viel mehr als einen trockenen Platz. Schon morgen werde ich Eure Freundlichkeit nicht weiter strapazieren und mei-ner Wege ziehen.«

»Nein, nein – du missverstehst mich. Ich freue mich über deine Gesellschaft. Hier im Wald ist es zuweilen sehr einsam, auch wenn ich mich ganz gut alleine be-schäftigen kann.« Kuroneko deutete auf die Wand hin-ter ihm und Mikehs Blick fiel auf ein Regal, das bis zur Decke mit Schriftrollen vollgestopft war. Der Kater hat-te noch nie in seinem Leben so viel gebündeltes Wissen auf einem Haufen gesehen.

Kuroneko bemerkte den ehrfürchtigen Ausdruck in Mikehs Augen und nickte bedächtig. »Hier findest du Antwort auf jede Frage. Alles, was man wissen muss, um ein Problem zu lösen, findest du hier. Jeden Donnerstag öffne ich meine Pforten für Fragesteller. Dann kommen Zweibeiner und Vierbeiner aus allen Himmelsrichtungen zu mir in den Wald und bitten mich, ihre Probleme zu lösen.«

Mikehs Ehrfurcht wurde immer größer, und Hoffnung keimte in ihm auf: War er vielleicht schon am Ende seiner Suche angekommen? Konnte schon die schwarze Katze seine Frage beantworten und er sich den beschwerlichen Weg zum Katzenkönig sparen?

»Wisst Ihr«, sagte Mikeh, »ich bin auf dem Weg zum Tempel des Katzenkönigs. Kennt Ihr vielleicht den Weg?«

»Katzenkönig?« Die schwarze Katze schüttelte den Kopf. »So ein Unsinn! Weißt du denn nicht, dass das bloß eine Legende ist? Diesen Katzenkönig gibt es nicht! Du kannst dich gerne selbst überzeugen, ich habe alle wichtigen Untersuchungen zu diesem Mythos gelesen. Hier!« Mit diesen Worten griff er zielsicher in das Regal und zog ein altes Pergament hervor. »Es gibt sogar eine Landkarte, auf welcher der Tempel des Njan-Njan eingezeichnet ist. Aber das Ganze ist nur von historischem Interesse. Ich muss dich also enttäuschen.« Damit steckte er das Pergament wieder an seinen Platz.

»Ehrwürdiger Kuroneko. Ich bin nur ein unwissender

Kater, den das Mitleid mit gütigen Menschen hierher-
getrieben hat. Aber vielleicht habt Ihr eine Antwort auf
die Frage, die mich auf diesen Weg gebracht hat.«

Kuroneko runzelte missmutig die Stirn. »Heute ist
Dienstag.«

Mikeh nahm all seinen Mut zusammen. »Könnt Ihr
denn nicht eine Ausnahme machen? Ich habe es wirklich eilig.«

Die schwarze Katze rümpfte empört die Schnauze.
»Eine Ausnahme? Das geht nicht. Man merkt, dass du
keine Ahnung hast, wie man Probleme löst. Du musst
wissen: Eine schnelle Antwort gibt es nicht. Erst müssen
wir deine Frage gründlich analysieren. Wir müssen dein
Problem bis in die letzten Tiefen erforschen, bis in
den hintersten Winkel durchleuchten, jede noch so winzige Eventualität kalkulieren. Dazu braucht es Zeit und
natürlich einen Experten wie mich. Du siehst doch ein,
dass das nicht mal eben geht. Du wirst dich gedulden
müssen.«

Mikehs Enttäuschung war ihm wohl ins Gesicht geschrieben, denn die schwarze Katze schlug wieder mil-
dere Töne an. »Aber ich möchte dich beruhigen. Das
Schicksal hat dich genau an die richtige Stelle geführt.
Ich werde dein Problem lösen. Normalerweise dauert es
eine Woche, bis ich eine Antwort gefunden habe, manchmal auch länger. Doch du sollst mir deine Frage gleich
stellen, und dann werde ich dir bis übermorgen eine
Lösung präsentieren.«

Mikeh überlegte. Sollte er wirklich so lange warten? Den Nakumaras blieb nur wenig Zeit, ihre Lage war wirklich kritisch, jeder Tag war kostbar. Aber wenn nun die schwarze Katze recht hatte und es den Katzenkönig gar nicht gab? Dann könnte er genauso gut hier versuchen, eine Antwort auf seine Frage zu bekommen.

Kuroneko warf einen erwartungsvollen Blick über den Rand seiner Brille auf den zweifelnden Kater. Wie würde er sich entscheiden?

In Wirklichkeit hatte die schwarze Katze sogar etwas Angst davor, dass Mikeh ihn wieder verlassen würde. Die Wahrheit war nämlich, dass schon seit geraumer Zeit kein Fragesteller bei ihm aufgetaucht war. Kuroneko wusste nicht genau warum, aber ihm war zu Ohren gekommen, dass sich nicht weit entfernt ein anderer Problemlöser niedergelassen hatte und nun seine Kundschaft abwarb. Vielleicht lag es auch daran, dass seine Antworten beileibe nicht immer zu den gewünschten Ergebnissen geführt hatten. Nun suchten seine enttäuschten Kunden ihr Glück woanders.

Davon wusste Mikeh freilich nichts. Und so entschied er sich, seine Chance zu nutzen – und blieb.

»Fein!«, freute sich Kuroneko, als Mikeh seine Entscheidung verkündete. »Ich denke, du wirst gewiss hungrig sein nach deinem langen Marsch. Nach einer kleinen Stärkung kannst du mir alles erzählen.«

Die schwarze Katze kramte etwas eingelegten Fisch aus der Vorratskammer hervor. Der Anblick des bescheidenen Mahls erinnerte Mikeh daran, dass er schon seit Stunden nichts mehr zwischen die Zähne bekommen hatte, und er stürzte sich hungrig darauf. Unter Schmatzen und Kauen brachte er hervor:

»Werter Kuroneko, ich denke, meine Frage ist ganz einfach: Das Glück hat die Nakumaras, unter deren Dach ich lebe, verlassen. Sie sind krank geworden. Nun will ich wissen, wie es wieder zu ihnen zurückkommt.«

Kuroneko warf erneut die Stirn in Falten. »Das nennst du eine einfache Frage, mein bunter Freund? Darüber haben sich schon Generationen der klügsten Männer und Frauen den Kopf zerbrochen. Auf gar keinen Fall ist diese Frage einfach. Es ist sogar eine verdammt schwierige Frage und ein schwerwiegendes Problem obendrein. Ganz schwer, wirklich sehr problematisch.«

Mikeh schluckte betroffen seinen letzten Bissen Fisch herunter. Das hörte sich gar nicht gut an. Bestand überhaupt noch Hoffnung? Wenn er den bitterernsten Gesichtsausdruck der schwarzen Katze richtig deutete, sollte er wohl auf das Schlimmste gefasst sein.

»Doch um darauf eine treffende Antwort zu geben, müssen wir den Fall erst einmal genauestens untersuchen. Erzähle mir alles – und wenn ich sage alles, dann meine ich auch alles! Jedes noch so winzige Detail kann wichtig sein. Merke dir: Wir können das Problem nur lösen, wenn wir so viele Informationen wie möglich haben.«

Also begann der Kater zu erzählen. Und mit spitzem Mund lauschte die schwarze Katze, strich hin und wieder über ihre Schnurrhaare, blickte an manchen Stellen nachdenklich gen Himmel, um dann eilig ein paar Zeilen auf einen Notizblock zu kritzeln und ein bedeutungsvolles »So, so« oder auch »Schau, schau« zu murmeln.

Mikeh erzählte zunächst von dem Gasthaus an der Brücke, von der Straße, die daran vorbeiführte und von den Speisen und Getränken, die den Vorbeikommenden von den Nakumaras angeboten wurden. Kuroneko ließ sich eine genaue Beschreibung der Inneneinrichtung geben, fertigte eilends Skizzen und Lagepläne an, die Mikeh dann auf ihre Stimmigkeit prüfen musste. Hatte sich in der Zeit vor der Erkrankung der Nakumaras irgendetwas verändert? Waren Möbel verrückt oder Fenster verschlossen worden? Waren alle Türen in Ordnung?

Dann forderte Kuroneko den Kater auf, sich an so viele Gäste wie nur möglich zu erinnern, die in der jüngsten Vergangenheit die Nakumaras aufgesucht hatten. Wie sahen sie aus? Wie waren sie gekleidet? Was trugen sie mit sich? Worüber unterhielten sie sich? Kam ihm etwas merkwürdig vor?

Schließlich sollte Mikeh von den Nakumaras selbst berichten. Wie war das Verhältnis der beiden zueinander? Wie lange waren sie schon zusammen? Stritten sie oft oder selten? Tauschten sie Zärtlichkeiten aus oder benahmen sie sich distanziert? Hatte Mikeh irgendetwas beobachtet, das ihm seltsam vorkam? Behandelten sie ihn auch immer gut? Bekam er genug zu fressen? Hatte er in letzter Zeit bemerkt, dass ihre Fürsorge nachließ?

Mikeh gab sich alle Mühe, die Fragen so gründlich und genau wie möglich aus der Erinnerung zu beantworten. Aber so leicht war das gar nicht. Woher sollte er wissen, aus welchen Zutaten genau Frau Nakumara ihren Reiskuchen buk? Oder wie viele Stützpfeiler das Haus hatte? Oder wieso Herr Nakumara abends gerne vor die Tür trat, um den Sternenhimmel anzusehen? Auch wurde Mikeh das Gefühl nicht los, dass die schwarze Katze auf etwas ganz Bestimmtes hinauswollte. Immer wieder stellte Kuroneko Fragen wie: »Sah Frau Nakumara in letzter Zeit müde aus?«. Und wenn Mikeh dann antwortete, dass dies natürlich hin und wieder der Fall sei, weil sie doch so viel arbeiten musste, aber sie ansonsten doch recht gesund gewesen sei für ihr Alter, schüttelte die schwarze Katze nur den Kopf und herrschte ihn an: »Das Interpretieren der Fakten musst du schon dem Experten überlassen!« Dann wiederholte er die Frage etwas eindringlicher: »Sie war also in letzter Zeit sehr müde?« Mikeh überlegte und, ja, natürlich konnte er sich daran erinnern, dass er Frau Nakumara beim Gähnen beobachtet hatte, mitten am Tag. Zufrieden notierte Kuroneko das Ergebnis: »Frau N. war in letzter Zeit auffällig müde.«

Auch kam es vor, dass Mikeh sich nicht genau erinnern konnte oder schlichtweg etwas nicht wusste. Doch Kuroneko begnügte sich nicht mit einer abschlägigen Antwort, sondern bohrte umso intensiver, je mehr sich Mikeh zierte. Manchmal wurde er richtig ungeduldig und schalt Mikeh, dass er sich schon kooperativ zeigen müsse, wenn ihm geholfen werden solle, sonst müsse er davon ausgehen, dass es Mikeh nicht ernst genug sei mit seiner Frage, und sie könnten genauso gut gleich damit aufhören. Dann wieder, wenn Mikehs Antworten Kuroneko offensichtlich zu lapidar waren, beugte er sich vor, fixierte den Kater mit strengem Blick und sagte nur: »Da steckt doch mehr dahinter.« Und wenn dann Mikeh beteuerte, dass er nicht wüsste, was Kuroneko meinte, beugte sich die schwarze Katze noch weiter vor, blickte noch schärfer und sprach: »Also doch: Du verbirgst etwas! Ob bewusst oder unbewusst, das wird sich noch herausstellen. Aber keine Sorge, auch dieses Geheimnis werden wir noch lüften.«

Irgendwann schwirrte Mikeh der Kopf vor lauter Fragen. Je mehr Details Kuroneko von ihm forderte, umso

schwieriger erschien ihm die Angelegenheit und umso mutloser wurde er. Wenn das Problem schon so kompliziert war, wie schwierig würde dann erst die Lösung sein? Hatte er sich am Ende völlig übernommen? Bestand überhaupt auch nur die geringste Chance, dass er, das arme, unbedarfte Kätzchen, überhaupt etwas ausrichten konnte? Mikeh sah schwarz.

Doch plötzlich lehnte sich Kuroneko zurück, starrte Mikeh mit zu Sehschlitzen verengten Augen an und verkündete: »Ich denke, ich habe jetzt alle Informationen, die ich brauche.« Damit erhob er sich, rückte seine Brille zurecht und wandte sich dem Regal mit den Hunderten von Schriftrollen und Büchern zu. »Nun darfst du mich nicht weiter stören, denn ich werde die Fakten ordnen und klassifizieren. Bald werden wir wissen, was ihr falsch gemacht habt.«

Mikeh war zu müde, um zu verstehen, was Kuroneko mit »falsch machen« meinte. Er beschloss, die schwarze Katze machen zu lassen, rollte sich am Kamin zusammen und schlief.

Als Mikeh erwachte, war der Tag schon weit vorangeschritten. Er fühlte sich matt. Er hatte schlecht geschlafen, und in seinen Träumen verfolgte ihn eine übergroße schwarze Katze durch ein Labyrinth, das nur aus Sackgassen zu bestehen schien. Mikeh schüttelte sich, um dieses unheimliche Traumbild loszuwerden.

Kuroneko tauchte auf, erstaunlich frisch und munter für einen, der sich die Nacht über Büchern und Schriftrollen um die Ohren geschlagen hatte, und ersparte sich die Frage, ob der Kater gut geschlafen hätte. Stattdessen bemerkte er nur: »Ja, die Suche nach einer Lösung für deine Probleme kann sehr anstrengend sein. Aber wenn es erfolgreich sein soll, dann muss es schon ein bisschen wehtun. Der Weg zur Erkenntnis ist steinig und schwer, aber wenn du dann erst einmal verstanden hast, was die Ursache all deiner Probleme ist, dann wirst du erleichtert sein. Es ist ein befreiendes Gefühl, und die Welt ist auf einmal klar und in Ordnung!

Nun wollen wir aber mal sehen, was ich für dich herausgefunden habe. Die Tatsachen sprechen eine klare Sprache und es gibt für mich keinen Zweifel mehr.« Kuroneko beugte sich vor und machte eine lange Pause, um seinen nun folgenden Worten besondere Bedeutung zu verleihen. »Das Ergebnis ist eindeutig und lässt keinen Zweifel zu: Die Nakumaras haben sich krank gestellt, um dich loszuwerden!«

Mikeh schnürte es den Hals zusammen. Das ist Blödsinn, dachte er bei sich. Doch dann schlich sich ein Verdacht ein: Hatte er sich in den Absichten der Nakumaras getäuscht? Doch warum sollten sie ihn loswerden wollen? War er am Ende selbst schuld an der ganzen

Misere? Hatte er ihnen nicht genügend Dankbarkeit gezollt?

Doch dann erinnerte er sich an die vielen guten Momente, die er mit den Nakumaras gehabt hatte. Nie hatten sie ein böses Wort verloren, und nie hatten sie ihn schlecht behandelt. Er konnte beim besten Willen nicht erkennen, warum sie auf einmal etwas gegen ihn haben sollten. Vor allen Dingen erkannte er keinen Zusammenhang zwischen dem, was er in seinem Inneren für die Nakumaras fühlte, und dem, was Kuroneko ihnen unterstellte. Letzeres widersprach allem, was er erlebt hatte.

Die schwarze Katze hob die Augenbrauen. Sie hatte eine etwas enthusiastischere Reaktion erwartet, jetzt wo das Problem gelöst war. Doch Mikeh räusperte sich kurz und antwortete: »Werter Kuroneko, Ihr müsst Euch irren. Niemals wären die Nakumaras zu so etwas fähig. Über all die Jahre, die ich sie kenne, habe ich sie stets als liebende und fürsorgende Freunde kennengelernt. Nein, das kann nicht die Antwort auf meine Frage sein.«

Wie Mikeh befürchtet hatte, war sein Gegenüber nicht gerade begeistert. Immerhin hatte er sich sehr ins Zeug gelegt, um diese Erkenntnis zu gewinnen. Mikeh kam sich sogar ein wenig undankbar vor. Doch warum sollte er etwas akzeptieren, bei dem sich alles in ihm sträubte, so als ob man ihn innerlich gegen den Strich bürstete?

Kuroneko atmete tief durch. »Mein lieber bunter Freund. Ich kann verstehen, dass dich diese Erkenntnis hart trifft. Aber es hat doch keinen Sinn, sich gegen die Fakten zu wehren! Dein Widerstand gegen meine Diagnose zeigt mir, dass ich völlig richtig liege.«

Nun verstand Mikeh gar nichts mehr. Warum sollte er sich denn nicht auf seine Gefühle verlassen können? Die Schlussfolgerungen der schwarzen Katze kamen ihm mehr als sonderbar vor. Doch irgendwie saß er in der Falle, und er merkte, egal, was er jetzt sagen würde, Kuroneko würde es immer nur im Sinne seiner Diagnose auslegen. Mikeh war verzweifelt.

»Ich habe dir gleich gesagt«, sprach die schwarze Katze streng, »dass es sich um ein besonders schwieriges Problem handelt. Und wenn ich dich so sehe, dann fühle ich mich darin bestätigt, dass wir noch lange nicht am Ende angekommen sind.« Dann fügte sie etwas sanfter hinzu: »Aber wir haben ja Zeit. Gleich morgen können wir beginnen, dein Problem noch weiter zu analysieren, bis du es vollständig verstanden hast. Jetzt aber entschuldige mich bitte, denn ich habe noch etwas zu erledigen. Ich bin bald wieder da.«

Mit diesen Worten wandte sich Kuroneko ab und verließ das Haus. Wenn er genauer hingesehen hätte, hätte er in den Augen des bunten Katers deutlich lesen können, dass dieser einen ganz anderen Plan hatte.

Kaum hatte die schwarze Katze das Haus verlassen, lief Mikeh zum Regal mit den Schriftrollen und zog die Landkarte hervor, die Kuroneko ihm gezeigt hatte. Und tatsächlich: Dort war der Tempel des Njan-Njan am

Fuße des Fuji markiert. »Da habe ich noch einen ganz schön weiten Weg vor mir! Besser ich verliere keine Zeit mehr und mache mich gleich auf die Pfoten.«

Mikeh verließ das Haus der schwarzen Katze und trabte in die Richtung davon, die ihm die Karte gewiesen hatte. Bald hatte er den Wald hinter sich gelassen und sein Weg führte ihn durch eine liebliche Hügellandschaft. Und dort, ganz in der Ferne am Horizont – waren das nicht die Umrisse des heiligen Berges Fuji? Mikehs Herz machte einen Freudensprung und ohne weitere Verzögerung lief er voran.

Kimusuko wartete noch eine Weile, als Hiruroshi aufgehört hatte zu erzählen, doch der Meister schloss die Augen und schwieg. Erst als er sie wieder öffnete, fasste der junge Mann sich ein Herz und sagte:

»Ehrwürdiger Meister, ein Gedanke will mir nicht aus dem Kopf gehen. In meinen Augen wehrt sich Mikeh, das Problem genauer zu betrachten, und flieht vor den möglichen Erkenntnissen, die er aus der Begegnung mit der schwarzen Katze gewinnen könnte – auch wenn ich zugeben muss, dass Kuronekos Art doch recht merkwürdig ist und seine Schlussfolgerungen in der Tat seltsam sind. Dennoch erscheint es mir nicht klug, denn wenn ich mich von dem, was mein Leben beschwert, abwende, löse ich das Problem doch nicht. Es bleibt ja weiter bestehen, auch wenn es aus meinem Blickfeld verschwunden ist.«

»Hast du schon einmal etwas verlegt, zum Beispiel einen Schlüssel, und hast wie ein Verrückter danach gesucht, ohne es zu finden? Und je verbissener du danach gesucht hast, umso weniger fiel dir ein, wo du es hingelegt haben könntest?« Kimusuko nickte.

»Dann erinnerst du dich vielleicht auch, wie die Erinnerung wiedergekehrt ist.« Das Gesicht des Schülers hellte sich auf. »Ja! Ich habe mich für einen Augenblick mit etwas ganz anderem beschäftigt – und auf einmal fiel es mir wieder ein.«

»In einem solchen Augenblick wird dir bewusst, dass die Lösung für das Verschwinden des Schlüssels nicht darin besteht, ihn krampfhaft zu suchen, sondern sich von dem Gedanken an den verlorenen Schlüssel für einen Augenblick zu lösen. In diesem Moment kehrt die Erinnerung oft von selbst zurück. Beantworte mir folgende Frage: Wenn du deinen Schlüssel verlierst – was ist daran das Problem?«

Kimusuko überlegte nicht lange. »Na, der verlorene Schlüssel!«

»Genau das denken viele. Und vielleicht hast du wie viele andere auch, während du nach ihm suchtest, vor dich hingeflucht und auf den Schlüssel geschimpft. Aber überlege genau. Worin besteht das Problem wirklich?«

»Wenn ihr mich so fragt: Natürlich darin, dass ich den Schlüssel nicht finde.«

»Genauso ist es! Nicht der Schlüssel ist das Problem, sondern du selbst, denn du suchst nach dem Schlüssel und ärgerst dich dabei. Schon gestern haben wir festgestellt, dass Menschen dazu neigen, sich in ein Problem hineinzusteigern, und dann besetzt die Schwierigkeit des Problems all unsere Gedanken. Die ganze Welt dreht sich um das Problem – und dadurch nähren wir seine Kraft und es wird immer größer. Wir merken, dass es brennt, und stehen da, um das Feuer dabei zu beobachten, wie es immer größer wird, während wir uns zugleich darüber beklagen, wie schlimm uns das Schicksal doch getroffen hat und warum uns denn keiner zu Hilfe eilt – anstatt selbst fortzugehen, um Wasser zu holen. Dabei übersehen wir oft, dass nicht die Tatsachen und Dinge, wie der verlorene Schlüssel, unser Problem sind, denn diese sind nun mal so, wie sie sind. Wir selbst sind es, die aus einer einfachen Tatsache ein Problem machen.«

Kimusuko verstand. »Da fällt mir die Geschichte vom halb gefüllten Gefäß ein. Für den einen ist es halbvoll, für den anderen ist es halbleer, je nachdem, ob ich unglücklich bin, weil ich mir mehr erhoffte, oder ob ich froh bin, weil ich überhaupt etwas habe. Und doch ist es ein und dasselbe Gefäß mit der gleichen Menge.«

Hiruroshi freute sich. »Ein kluger Mann hat einmal gesagt: Die Welt des Unglücklichen ist eine andere als die des Glücklichen. Und genauso ist es: Der Blickwinkel, aus dem wir die Welt betrachten, macht etwas zu einem Problem. Verstehst du nun, warum Mikeh die schwarze Katze verlassen muss?«

Kimusuko nickte. »In den Augen der schwarzen Katze besteht die Lösung des Problems darin, die Aufmerksamkeit noch stärker auf das zu richten, was schwierig ist. Durch die Suche nach einem Schuldigen für das, was uns gerade das Leben schwer macht, verstärken wir das Gefühl noch weiter. Wir engen unser Blickfeld ein. Indem Mikeh Kuroneko verlässt, löst er sich vom Problem, anstatt es lösen zu wollen.«

Hiruroshi lächelte. »Das ist das Geheimnis der Lösung.«

Da es bereits dunkel zu werden begann, verabschiedete sich Kimusuko von seinem Meister und trat in Gedanken versunken den Weg nach Hause an. Wie oft hatte er schon beobachtet, dass Menschen die Schuld für ihre Misere bei anderen suchten oder in irgendeinem Ereignis, das außerhalb ihrer Einflussmöglichkeiten zu liegen schien – auch er selbst. Als Kind, so erinnerte er sich, hatte er sich einmal beim Spielen an einem Stein gestoßen und dann wütend auf den Stein geschimpft, anstatt sich selbst zu größerer Vorsicht zu ermahnen. Er dachte auch an den reichen Müller, der sich vor jedem dunklen Schatten fürchtete und in jedem Blick und in jeder Geste nur Missgunst und Neid auf seinen Besitz erkennen konnte. Nicht die Welt bedrohte ihn wirklich, sondern sein Blick auf die Welt war getrübt von seinen Ängsten. Er hatte verlernt, die Welt mit einem sorgenfreien Auge zu sehen.

Zu Hause angekommen fand er seine Mutter, wie sie auf der Bank vor dem Hause sitzend die untergehende Sonne betrachtete. In ihren Händen hielt sie eine Schüssel, in der sie etwas Teig angerührt hatte. Als sie ihren Sohn sah, lächelte sie erfreut. Kimusuko war so in Gedanken verloren, dass er wohl ein sehr ernstes Gesicht machte. Als er anfangen wollte, ihr von dem zu erzählen, was er von Hiruroshi gehört hatte und was ihm nun im Kopf herumging, schüttelte sie nur ihren Kopf und berührte ihn einfach an der Stirn. Dann sagte sie: »Besser ist es, ein Licht anzuzünden, als auf die Dunkelheit zu schimpfen.«

Auch wenn Kimusuko nicht genau verstand, was seine Mutter ihm mit dieser alten Spruchweisheit sagen wollte, beruhigten ihn diese Worte. Er spürte, dass sie auf ihre Weise recht hatte: Ihm war, als hätte er heute ein erstes von vielen Lichtern entzündet, die ihm künftig den Weg weisen würden.

Kapitel 3

Mikeh und die rote Katze

Am kommenden Tag fand Kimusuko seinen Meister am vereinbarten Ort wieder. Hiruroshi freute sich über das besonders große Stück Reiskuchen, das ihm Kimusuko mitgebracht hatte. Genüsslich verspeiste er es und trank dazu eine Schale frischen Wassers. Nachdem er den letzten Bissen zerkaut und den letzten Schluck seine Kehle hinunterrinnen gelassen hatte und Kimusuko schon ganz ungeduldig auf seinem Platz hin- und herrutschte, hob er an: »Nun möchte ich dich aber nicht mehr länger auf die Folter spannen, denn wir sind erst am Anfang unserer Geschichte.« Und ohne weitere Fragen zu dulden, begann der Meister zu erzählen.

Der Weg, der Mikeh durch die sanfte Hügellandschaft führte, verwandelte sich nach und nach in eine feste Straße, die zunächst nur von wenigen Häusern gesäumt war. Doch die Reihen der Häuser wurden immer dichter, die Gebäude immer höher, und schließlich fand sich Mikeh in einem Labyrinth aus Straßenschluchten wieder. Er war zuvor noch nie in einer so großen Stadt gewesen und da die Nacht hereingebrochen war, verlor er schnell die Orientierung. Niemand nahm Notiz von der bunten Katze, die sich von Hauseingang zu Hauseingang schlich und sich schließlich in eine Seitenstraße flüchtete. »Es ist wohl besser, wenn ich mir hier einen Schlafplatz suche und bei Tageslicht meinen Weg fortsetze.«

In die kaum beleuchtete, verlassene Seitenstraße hätte sich ein Mensch kaum gewagt, doch für eine Katze war das natürlich kein Problem. Dennoch hatte auch Mikeh ein leicht mulmiges Gefühl im Magen, denn er spürte, dass er nicht alleine war. Irgendwo aus der Dunkelheit heraus wurde er beobachtet, da war er sich ganz sicher. So schlich er besonders behutsam von Schatten zu Schatten, blieb immer wieder stehen, drehte sich um, schnupperte in die Luft und lauschte. Wer auch immer hinter ihm her war, verstand es, sich unsichtbar zu machen. Da wurde Mikeh klar, dass er sich in einer schwierigen Lage befand, allein in einer fremden Stadt bei Nacht. Doch was sollte er jetzt tun? Schließlich blieb er stehen, setzte sich und rief in die Dunkelheit hinein: »Zeige dich! Ich bin nur auf Durchreise und habe mich verlaufen!«

Da löste sich eine Gestalt aus dem Schatten eines Hauseingangs und eine getigerte Katze stellte sich ihm in den Weg. Zugleich nahm Mikeh ein Geräusch hinter sich wahr, und als er sich umdrehte, erkannte er eine zweite Katze mit scheckigem Fell, die ihm den Rückweg abschnitt. Beide musterten den Kater mit feindseligem Blick.

»Du bist in unser Territorium eingedrungen!«, knurrte die getigerte Katze. »Am besten, du kehrst gleich wieder um, Fremder!«, setzte die scheckige hinzu und fauchte leise.

»Verzeiht mein Eindringen, aber ich kenne mich hier nicht aus, es war also keine Absicht«, versuchte Mikeh die beiden zu besänftigen. »Ich bin nur auf der Durchreise und habe keine Ahnung, wo ich mich befinde.«

»Dein Pech, Buntfell«, sagte der Tiger und kam Mikeh bedrohlich näher. »Besser du nimmst unseren Rat an, sonst könnte es gut sein, dass du es bereust.« Auch die andere Katze hinter ihm rückte auf.

Plötzlich zerschnitt ein lauter Schrei die Luft und etwas Großes, Dunkles sprang auf die drei Katzen zu: Eine schwarze Katze stürzte mit ausgefahrenen Krallen auf sie. Eine weitere Katze überfiel die Gruppe von der anderen Seite. Während Mikeh sich mit einem Satz hinter einer Kiste in Sicherheit brachte, gingen die getigerte und die gescheckte Katze unter wildem Geheule zum Gegenangriff über.

Zitternd sah Mikeh nur noch ein Knäuel aus fauchenden und schreienden Katzen vor sich, die sich gnadenlos die Krallen ins Fell schlugen. Doch der Kampf währte nicht lange. Beide Angreifer wurden in die Flucht geschlagen und zogen mit gesenktem Blick und geschundenen Körpern davon.

Auch Tiger und Fleckenfell hatten einige Kratzer abbekommen und leckten sich ihr blutiges Fell. »Denen haben wir es gezeigt!«, kommentierte Tiger. »Die werden es nicht mehr so schnell wagen, unser Revier zu überfallen.«

Doch als sie sich wieder dem vor Angst schlotternden Mikeh widmen wollten, zuckten sie plötzlich zusammen und wirbelten wie auf Kommando herum. Hinter ihnen donnerte eine Stimme: »Was ist hier los?« Eine mächtige Katze mit rotem Fell baute sich vor ihnen auf und blickte auf Mikeh. »Und wer ist dieses Häuflein Elend?«

»Werter Akaineko, wir haben soeben unser Gebiet gegen zwei Angreifer der Bande aus der Nachbarschaft verteidigt. Und diesem Eindringling«, Tiger deutete auf Mikeh, »wollten wir ebenfalls gerade Beine machen.«

»Einen Augenblick«, unterbrach ihn die rote Katze. Dann wandte sie sich Mikeh zu und herrschte ihn an: »Tritt näher!« Mikeh tat widerwillig, wie ihm geheißen. »Ich bin Akaineko, der Anführer der Katzen in diesem Viertel. Wie ist dein Name?«

»Ich heiße Mikeh. Ich bin auf dem Weg durch diese Stadt.«

»Genug!«, befahl die rote Katze. »Was hast du hier zu suchen?«

»Meine Absicht war nie, in euer Gebiet einzudringen. Ich habe hier nur einen Platz gesucht, um mich ein wenig von meinem langen Marsch zu erholen und bei Tagesanbruch meine Reise wieder fortzusetzen.«

»Und wohin soll diese Reise gehen?«

»Ich bin auf dem Weg zum Tempel des Katzenkönigs.«

Kaum hatte Mikeh das ausgesprochen, brach Akaineko in schallendes Gelächter aus. Tiger und Fleckenfell stimmten mit einer kurzen Verzögerung ein.

»Du bist wirklich ein harmloser Tropf! Wer hat dir denn den Floh ins Ohr gesetzt, dass es diesen Katzenkönig wirklich gibt?«, spottete die rote Katze. »Das sind doch alles nur Ammenmärchen!«

Mikeh sah betreten zu Boden. Er fühlte sich gedemütigt und hilflos. Wie sollte er bloß aus dieser misslichen Lage entkommen?

Akaineko musterte ihn von allen Seiten. »Aber irgendwie gefällst du mir. Du kommst also von außerhalb der Stadt? Du musst wissen: Weder ich noch meine beiden Freunde hier noch irgendeine andere Katze, die ich kenne, hat dieses Viertel jemals verlassen. Wir sind eigentlich die ganze Zeit damit beschäftigt, unser Revier im Auge zu behalten. Da bleibt keine Zeit für Ausflüge ins Grüne.« Die Stimme der roten Katze klang trotz des spöttischen Untertons schon fast vertraulich. Mikeh schöpfte Hoffnung. Im Gegensatz zu Tiger und Fleckenfell ging von Akaineko eine große Ruhe aus. Er wirkte beherrscht und strahlte eine gewisse Würde aus, die ihn deutlich als Führungspersönlichkeit kennzeichnete.

»Erzähl mir mehr von deinen Abenteuern, die dich hierhergebracht haben. Zunächst aber komm mit uns.

Hier sind wir nicht sicher.« Und zu seinem Gefolge gewandt: »Ihr beiden bleibt hier und beobachtet weiterhin unsere Grenzen!« Dann drehte er sich um und forderte Mikeh mit einem Wink auf, ihm zu folgen, was dieser auch ohne zu zögern tat. Welche andere Wahl hätte er gehabt? Er spürte, dass er in der Gegenwart der roten Katze im Augenblick am sichersten aufgehoben wäre. Bei Tagesanbruch würde er dann weitersehen.

Nun ging es im Eiltempo über Mauern, durch düstere Gassen und verlassene Hinterhöfe, bis sie schließlich in ein verfallenes Haus kamen, den Unterschlupf der Katzenbande.

Akaineko nahm nun auf einer Kiste Platz und bedeutete Mikeh, das Gleiche zu tun. »Und nun«, sprach er, »erzähle mir deine Geschichte.«

Mikeh berichtete von den Nakumaras und ihrem Häuschen an der Brücke und davon, wie das Glück sie verlassen hatte, sie krank geworden und die Gäste ausgeblieben waren. Dann erzählte er von seinem Entschluss, sich auf den Weg zu machen, um beim Katzenkönig Rat zu suchen, wie er im Wald die schwarze Katze getroffen und diese versucht hatte, ihn davon zu überzeugen, dass die Nakumaras vorgehabt hatten, ihn loszuwerden. Dann wäre er in die Stadt gekommen.

Akaineko lauschte aufmerksam und schien jedes Wort kritisch zu prüfen. Dann sprach er: »Eins muss man dir lassen: Du bist sehr mutig und scheust die Gefahr nicht. Das gefällt mir. Aber du scheinst mir doch wenig Ahnung davon zu haben, was für ein Ort diese Welt ist. Das Leben bei den Menschen hat dich verdorben und deine natürlichen Katzeninstinkte vernebelt.« Dann fügte er hinzu: »Und was die schwarze Katze angeht: Es war klug, dich von diesem Schwätzer zu verabschieden, aber es ist dumm, weiter nach diesem Hirngespinst von Katzenkönig zu suchen. Das ist nichts weiter als ein Märchen für Kinder, um ihnen die Wahrheit vorzuenthalten: In dieser Welt gibt es niemanden, auf den wir uns verlassen können, außer auf uns selbst. Lass dir gesagt sein: Jeder ist seines eigenen Glückes Schmied, und das Leben ist ein Kampf – jeder gegen jeden. Nur die

Starken und Mutigen haben eine Chance zu überleben. Und um die Übrigen ist es nicht weiter schade. Wenn sie scheitern, dann liegt das daran, dass sie nicht in der Lage sind, sich gut um sich selbst zu kümmern. Genau das ist deinen Nakumaras passiert. Nicht das Glück hat sie verlassen, sondern sie waren einfach nicht stark genug.«

Mikeh schluckte bei diesen harten Worten. So hatte er das Ganze noch nie gesehen. Aus Akaineko sprach eine tiefe Überzeugung, die wohl aus der Erfahrung mit dem Leben in der Stadt gespeist wurde. In dieser Welt schien der tägliche Kampf ums Überleben alles entscheidend zu sein.

»Aber«, erwiderte Mikeh vorsichtig, »ich habe auch viel Gutes von den Nakumaras erfahren. Es sind großzügige, herzensgute Menschen, die sich gut um mich gekümmert haben. Das Vertrauen und die Zuneigung, die sie mir entgegengebracht haben, verdienen doch, dass ich mich um sie sorge.«

»Unsinn!« Akainekos Blick verfinsterte sich. Er war es offensichtlich nicht gewöhnt, dass ihm jemand widersprach. »Vertrauen, Zuneigung – das sind keine Tugenden für eine wehrhafte Katze. Glaube mir: Wenn du dich auf andere verlässt, bist du verloren. Für sein Glück muss man kämpfen, und man muss auch bereit sein, die richtigen Entscheidungen zu treffen. Die beste Entscheidung deines Lebens war, die Nakumaras zu verlassen. Sie müssen selbst sehen, wie es mit ihnen weitergeht. Wenn sie es nicht aus eigener Kraft schaffen, dann haben sie es auch nicht verdient. So einfach ist das. Du bist anders, Mikeh, das weiß ich. Du hast bewiesen, dass du mutig und stark bist und dich in dieser Welt durchsetzen kannst. Ich kann dir nur den Rat geben, dein Glück selbst in die Hand zu nehmen, anstatt einer unsinnigen Hoffnung nachzujagen. Bleib bei uns und lerne wieder, wie eine Katze zu denken, zu fühlen und zu handeln. Dafür musst du aber bereit sein, dein altes Leben abzustreifen und dich von allem zu verabschieden, was dich schwach macht.«

Mikeh war verwirrt. Obwohl es ihm missfiel, wie er über die Nakumaras sprach, bewegten die Worte Akainekos etwas in ihm. Das Selbstbewusstsein, das die rote Katze ausstrahlte, beeindruckte ihn zutiefst. Er spürte, dass hier große Lebenserfahrung zum Ausdruck kam. Hatte Akaineko vielleicht am Ende recht? War er ein verzärteltes Kätzchen, das traumtänzerisch einem Ammenmärchen hinterherjagte? Bestand die Lösung einfach darin, aufzuhören, sich um die Nakumaras zu sorgen, um endlich sein eigenes Leben zu beginnen? War er am Ende seiner Reise angekommen?

Akaineko schien Mikehs Gedanken zu erraten, denn er sagte: »Sieh es einmal so: Dass das Glück die Nakumaras verlassen hat, ist deine Chance auf ein neues Leben. Ihr Unglück ist dein Glück. Das mag ungerecht erscheinen, aber so ist das Leben eben: hart und ungerecht. Nimm diese Herausforderungen an – und du kannst es weit bringen.«

Die Welt der Katzen schien Mikeh auf einmal voller Freiheit und Ungebundenheit, das Leben bei den Menschen hingegen wie ein Leben im goldenen Käfig. Und hatte er nicht schon immer diesen Drang gespürt, auszubrechen und einfach das zu tun, was ihm gerade in den Sinn kam? Wenn die Nakumaras zum Beispiel nicht wollten, dass er auf den Tisch sprang, hatte er da nicht instinktiv das Bedürfnis, es trotzdem zu tun, vielleicht gerade weil sie es ihm verboten hatten? Und offen gestanden: Wenn sie nicht hinsahen, dann spazierte Mikeh gerne genüsslich über den Tisch. War das nicht ein Zeichen dafür, dass Menschen und Katzen eigentlich gar nicht zusammenpassten und es besser wäre unter seinesgleichen zu bleiben? Vielleicht, so dachte er, sollte er dem Ganzen eine Chance geben.

Mikeh nickte entschieden. Und Akaineko war offensichtlich zufrieden mit seiner Entscheidung.

Was der bunte Kater nicht wusste, war, dass Akaineko nicht ganz uneigennützig handelte. In letzter Zeit häuften sich die Angriffe auf seine Bande, und er befürchtete, dass seine Gruppe nicht stark genug war, um das Revier zu halten. Jede weitere Katze, die ihm beim Kampf um sein Viertel zur Seite stehen konnte, war ihm willkommen, und Mikeh schien zwar eine unerfahrene und durch das Leben bei den Menschen verdorbene Katze zu sein, aber immerhin stark und entschlossen genug, um sein Leben für eine Sache zu geben – genau das, was Akaineko jetzt brauchte.

»Willkommen in meiner Bande. Du wirst sehen, bald hast du die Nakumaras vergessen. Nun aber ruhe dich für einen Augenblick aus. Du hast viel nachzuholen. Ich will dir morgen zeigen, was es heißt, eine Katze zu sein.«

Mikeh legte sich auf eine alte Decke, und es dauerte nicht lange und er war eingeschlafen. Doch der Schlaf, der ihn überkam, war voller wirrer Angstträume. Er war im Haus der Nakumaras und sah die beiden, wie sie krank daniederlagen und ihn mit flehenden Augen um Hilfe baten. »Du bist unsere einzige Hoffnung!«, hörte er sie stöhnen. »Enttäusche uns nicht!« Mikeh versuchte zu fliehen, aber das Haus verwandelte sich in ein Labyrinth aus Gängen und Fluren, und hinter jeder Tür, die er öffnete, fand er wieder nur die leidenden Nakumaras. Über allem aber schwebte das spöttische Gelächter der roten Katze.

Lautes Gezeter riss ihn aus dem Schlaf. Der Tag war bereits angebrochen, und Mikeh beobachtete, wie sich eine Meute von Katzen im Kreis versammelt hatte. Die Stimmen gingen wütend durcheinander, so dass Mikeh anfangs gar nicht verstand, worum es in dieser Aufregung eigentlich ging. Vorsichtig näherte er sich dem Pulk.

»Er muss bestraft werden!« – »Wie kann er es nur wagen?« – »So eine Unverschämtheit!« – »Wir müssen ihm eine Lehre erteilen!« – »Verräter!« – »Das können wir nicht dulden!«

Allmählich erkannte Mikeh, über wen die aufgebrachten Katzen so herzogen. In ihrer Mitte erspähte er einen jungen Kater, der völlig verstört im Kreis lief und den ausgefahrenen Krallen, die ihm von allen Seiten entgegengestreckt wurden, auszuweichen versuchte.

Plötzlich wich die wütende Meute wie auf Kommando zurück und verstummte: Akaineko hatte den Raum betreten und sein strenger Blick traf das Häufchen Elend von Katze, das sich vor ihm duckte. »Was ist hier los?«, herrschte er ihn an. »Was hast du getan?« Der junge Kater zitterte so sehr, dass er offensichtlich kein Wort hervorbrachte.

Anstatt seiner antwortete eine einäugige ältere Katze, deren Fell zahlreiche Spuren schwerer Kämpfe erkennen ließ: »Werter Akaineko! Dieser Schurke hier wurde dabei erwischt, wie er sich mit einer Katze des Nachbarclans, unserer Erzfeinde, abgegeben hat. Pfui Teufel, kann ich da nur sagen! Wir haben den Verräter zur Rede gestellt, aber er hat bislang noch keinen Ton zu seiner Verteidigung sagen können!« Kein Wunder!, dachte Mikeh bei sich, ihr habt ihm ja keine Gelegenheit dazu gegeben. Einauge sprach weiter: »Nun erwarten wir von dir als unserem Anführer, dass du ihn dafür bestrafst!«

72

»Ja!«, fiel die Meute wütend ein, und bald erfüllte wieder schrilles Katzengezeter die Luft.

»Ruhe!«, donnerte Akaineko. Sofort war es mucksmäuschenstill. Dann baute er sich drohend vor dem Beschuldigten auf und musterte ihn mit kaltem Blick von oben bis unten. Der junge Kater wirkte neben der mächtigen roten Katze noch erbärmlicher. Mikeh konnte diesen Anblick kaum ertragen.

»Ist das die Wahrheit?«, knurrte der Anführer. Der Kater erhob kaum seine Augen, als er mit kaum hörbarer Stimme antwortete: »Ja, es stimmt. Aber ich kann es erklären.«

»Schweig!«, fuhr Akaineko dazwischen. »Ich will deine Erklärungen nicht hören. Du hast einen schweren

Fehler begangen. Dafür gibt es keine Entschuldigung, was auch immer du vorzubringen gedenkst. Du kennst die Gesetze, nach denen wir leben, und weißt, dass wir Fehlverhalten nicht dulden werden.« Dann wandte er sich an die anderen Katzen, die mit funkelnden Augen das Tribunal beobachteten. »Werft ihn in den Brunnen. Und holt ihn erst wieder heraus, wenn er begriffen hat, was er getan hat.« Damit drehte er sich um und überließ es der Meute, seinen Befehl auszuführen. Die fackelte nicht lange und schleppte den wimmernden Kater johlend hinaus.

Mikeh war entsetzt. Sein Herz pochte wild vor Mitleid mit diesem unglücklichen Geschöpf, und er mochte sich nicht ausmalen, was es mit diesem Brunnen, in den der Kater geworfen wurde, auf sich hatte. Da fasste er sich ein Herz und ging auf die rote Katze zu, die sich in einer Ecke niedergelassen hatte und sich putzte.

»Akaineko, ich bin bestürzt: Warum hast du den jungen Kater nicht angehört? Vielleicht hatte er einen guten Grund für sein Verhalten, und es handelt sich nur um ein Missverständnis?«

Die rote Katze blickte mürrisch. »Man merkt, dass du noch viel lernen musst. Unser Überleben hängt davon ab, dass wir uns an Regeln halten. Es ist egal, warum oder wieso die Regeln verletzt wurden, es zählt nur, dass es sich dabei um ein unerwünschtes Verhalten handelt, für das jeder die Konsequenzen tragen muss. Dein Mitleid ist völlig fehl am Platz, denn der junge Kater wusste,

74

dass er mit einer Strafe zu rechnen hatte. Glaube mir, es ist das Beste für ihn. Nur so kann er lernen, ein vollwertiges Mitglied unserer Gemeinschaft zu werden. Später wird er dankbar dafür sein.«

Mikeh stellten sich alle Haare zu Berge. Er konnte sich beim besten Willen nicht vorstellen, jemandem dankbar zu sein, der ihn so schlecht behandelte. Sofort packte ihn großes Heimweh. Die Nakumaras hatten nie ein böses Wort für ihn oder ihn etwa bestraft, wenn er einmal etwas tat, was ihnen nicht passte. Einmal hatte er auf der Jagd nach einer Maus im Feuereifer ein Blumenbeet zerstört, das Frau Nakumara mühevoll gepflegt hatte. Als sie das entdeckte, sah sie Mikeh streng an, dann aber lächelte sie und sagte: »Was soll's – du bist eben eine Katze und machst, was Katzen so tun. Und daran habe ich mehr Freude als an diesen Blumen, die ohnehin bald verwelkt wären. Was soll ich beklagen?« Dann schnitt sie einfach alle umgeknickten Stengel ab und stellte die Blumen in eine Vase.

»Du willst also sagen, dass dieser armen Kater sich nach der Bestrafung besser fühlen wird?«

Akaineko wurde zusehends ungehaltener. Er war es offensichtlich nicht gewohnt, in Frage gestellt zu werden. »Deine Fragen zeigen, dass die Zeit bei den Menschen dich verdorben hat. Mit Mitleid und Nachsicht löst man keine Probleme. Wenn wir jetzt nicht hart durchgreifen, dann wird er es immer wieder tun. Er muss diese Lektion lernen, sonst gefährdet er unser aller

Leben. Damit zerstört er das, was ihm das Wichtigste auf der Welt sein sollte: die ihn beschützende Gemeinschaft. Nur hier kann er glücklich werden. Die Strafe ist nur zu seinem Besten. Denke auch an deine Nakumaras. Das, was ihnen zugestoßen ist, haben sie selbst verschuldet. Auch sie müssen für irgendwelche Fehler, die sie in der Vergangenheit begangen haben, geradestehen. Vielleicht gehen sie dabei zugrunde, aber dann haben sie es nicht anders verdient. Vielleicht schaffen sie es aus eigener Kraft und ziehen daraus ihre Konsequenzen, dann gehen sie gestärkt daraus hervor. So spielt das Leben eben. Und jetzt störe mich nicht weiter. Diese Unterhaltung ermüdet mich und ist zudem völlig unnütz. Anstatt dir den Kopf über andere zu zerbrechen, solltest du anfangen, über dich selbst nachzudenken. Überlege dir lieber, wie du dich hier einbringen möchtest.« Damit wandte der rote Kater Mikeh den Rücken zu und schlief ein.

Das soll Glück sein? Dieser Gedanke hatte etwas Abstoßendes. Wie kann man etwas Glück nennen, für das man einen so hohen Preis bezahlen muss? Sind wir wirklich für all unser Unglück selbst verantwortlich? Sind die schlimmen Dinge, die uns geschehen, im Grunde nur die Strafe für unser Fehlverhalten?

Mikeh wollte nur noch eins: weg von hier. Die meisten Katzen hatten das Haus verlassen, die restlichen lungerten schläfrig in irgendwelchen Ecken herum. Eine gute Gelegenheit, befand der Kater, um das Weite zu suchen.

Unbemerkt schlich er sich hinaus, und da er nicht wusste, in welche Richtung er sich begeben sollte, marschierte er einfach drauflos, achtete aber sorgfältig darauf, dass er von niemandem wahrgenommen wurde.

Nach einer ganzen Weile hielt er inne und schnupperte in die Luft. Er fing einen vertrauten Geruch auf: Blumen! Schnell folgte er dieser Spur – und tatsächlich: Er gelangte in einen blühenden Garten, hinter dem sich eine weite Wiese erstreckte und den Blick freigab auf den Berg Fuji, der nun ganz nahe schien. Bei diesem Anblick hüpfte Mikehs Herz vor Freude. Wenig später hatte er die Stadt hinter sich gelassen und seinen Weg zum Katzenkönig fortgesetzt.

Als Hiruroshi seine Erzählung beendet hatte, blieben der Meister und sein Schüler noch eine Weile schweigend sitzen. Die Begegnung Mikehs mit der roten Katze hatte Kimusuko aufgewühlt, und viele Gedanken schossen ihm nun durch den Kopf. Der alte Mann blickte ihn fest an, und Kimusuko verstand dies als Aufforderung, seine Fragen zu stellen.

»Ehrwürdiger Hiruroshi«, begann er. »Diese Geschichte berührt mich sehr. Wie Akaineko sagt, ist es doch wichtig, dass wir uns als Mitglied einer Gemeinschaft fühlen, die uns Schutz gibt. Wie kann ich glücklich sein, wenn ich mich nicht irgendwo zugehörig fühle? Im Gegenzug bedeutet Teil einer solchen Gemeinschaft zu sein, eben auch, sich ihren Regeln unterzuordnen und seine eigenen Bedürfnisse zurückstecken zu können.«

»Wir berühren hier eine wichtige Frage, mein Schüler«, entgegnete Hiruroshi. »Es ist die Frage danach, welchen Preis wir für unser Glück bezahlen. Es ist richtig, dass das Leben in einer Gemeinschaft seine Regeln hat. Und es stimmt auch, dass ich als Teil einer Gesellschaft Rücksicht auf die Bedürfnisse anderer nehmen muss. Doch hier geht es um noch etwas anderes. Mikeh kannte das Gefühl von Zugehörigkeit bereits: Er lebte bei den Nakumaras, und auch dort hatte er sich bestimmten Regeln unterzuordnen. Was aber ist dann der Unterschied zur Gemeinschaft der Katzenbande?«

Kimusuko dachte kurz nach, dann antwortete er: »Bei den Nakumaras wurde Mikeh so genommen, wie er war. Akaineko jedoch verlangte, dass er sich verändern sollte. Die Nakumaras haben Mikeh vielleicht manche Dinge untersagt, aber sie haben ihn mit seinen Besonderheiten angenommen. Als Mitglied der Katzenbande hingegen hätte er seine Besonderheiten aufgeben müssen – er hätte einer von ihnen werden sollen, hätte denken, fühlen und handeln müssen wie die anderen.«

»Genau das ist der Unterschied«, sagte der Meister. »Wir haben Mikeh als einen Kater erlebt, der voller Mitgefühl ist und einen starken Wunsch in seinem Herzen trägt. All dies hätte er aufgeben müssen, wenn er Teil der Gemeinschaft Akainekos geworden wäre. Was, glaubst du, war so verlockend daran für Mikeh?«

»Akaineko stellte ihm in Aussicht, ein richtiges Katzenleben führen zu dürfen.«

»Ja, das Versprechen der roten Katze bestand darin, aus ihm eine richtige Katze zu machen. Dafür sollte Mikeh seine Freiheit, so zu sein, wie er war, aufgeben.«

Kimusuko schwieg einen Augenblick und dachte nach. Häufig hatte er beobachtet, dass Menschen Dinge taten, weil sie glaubten, es würde von ihnen verlangt. Ihm fiel der Reisbauer ein, der seine Kinder so gut wie gar nicht zu Gesicht bekam, weil er ein wertvolles Mitglied der Dorfgemeinschaft sein wollte. Doch glücklich war er nicht. Er bezahlte einen hohen Preis dafür, dass er von anderen anerkannt wurde.

»Sein Mitgefühl«, fuhr der weise Mann fort, »ist das, was Mikeh in seinem Leben antreibt. Es ist das, was ihn besonders macht und ihm die Kraft gibt, auf seinem Weg zu bleiben. Wenn er dieses opfern muss, um glücklich zu sein, verliert er etwas, das ihn in seinem tiefsten Wesen kennzeichnet. Jeder von uns hat etwas, das ihn vor allen anderen Menschen auszeichnet. Wir alle werden mit einer besonderen Gabe geboren, die uns zu einzigartigen Wesen macht. Vielleicht kann einer gut singen, der andere ist ein Meister der Rechenkunst, wieder ein anderer versteht es, Menschen zu begeistern, und manch einer denkt gerne über Gott und die Welt nach. Auch du, junger Kimusuko, besitzt Fähigkeiten, die dich von den anderen in deinem Dorf unterscheiden. Was aber wäre, wenn jemand dir verböte, dir genau diese Gedanken zu machen, die du dir über das Leben machst, genau so zu fühlen, wie du gerade fühlst – kannst du dann glücklich sein?«

»Daran habe ich Zweifel, mein Lehrer«, antwortete Kimusuko. »Müssen wir nicht auch bereit sein, für unser Glück Opfer zu bringen?«

»Viele Menschen denken, dass Glück etwas ist, das wir uns erst verdienen müssen. Etwas, für das wir bereit sein müssen zu bezahlen. Die einen zahlen mit ihrer Freiheit, andere opfern ihre Wünsche und Bedürfnisse. Alle erhoffen sich nur eins: ein Leben in Zufriedenheit. Doch wie zufrieden kann ich werden, wenn ich auf etwas verzichte, das eigentlich zu mir gehört?«

Kimusuko wusste darauf keine Antwort. Auf der einen Seite war klar, dass nicht jeder tun und lassen kann, was er will. Schließlich bekommt man ja auch etwas dafür, wenn man sich den Regeln einer Gemeinschaft unterwirft. Auf der anderen Seite bedeutete dies, sich selbst zu verleugnen, und das fühlte sich auch nicht richtig an. Er war verwirrt.

»Alles hängt davon ab«, unterbrach Hiruroshi die Gedanken seines Schülers, »was wir für unser Glück halten. Wenn es etwas ist, das wir uns erst erarbeiten oder gar erkämpfen müssen, dann werden wir geneigt sein, etwas dafür zu zahlen, um es zu erringen. Wenn wir glauben, dass Glück davon abhängt, dass wir bestimmte Bedingungen erfüllen, dann werden wir bereit sein, etwas, das uns eigentlich lieb und teuer ist, dafür zu opfern. Dann werde ich mich bemühen, so zu sein, wie es andere von mir verlangen oder wie ich glaube, dass andere es von mir verlangen. Glück wird dann etwas sein, dem ich nachlaufe, aber es bleibt ungewiss, ob ich es je erreiche.«

»Das erinnert mich an das Bild eines Esels, der vor einen Wagen gespannt ist und einer Karotte hinterherläuft, die man ihm an einer Schnur vor die Nase hält, die er aber nie erreichen kann«, überlegte Kimusuko.

»Dann solltest du dich auf alle Fälle fragen: Wer sitzt auf dem Wagen?«

Der Schüler verstand langsam, worauf sei Lehrer hinauswollte und entgegnete: »Obwohl der Esel glaubt, ein erstrebenswertes Ziel vor Augen zu haben, folgt er im Grunde nur den Zielen eines anderen. Der Lenker des Wagens kann bestimmen, wohin die Reise geht, der Esel jedoch hat seinen eigenen Weg verloren.«

»So ist es. Wie aber kommt es, dass der Esel vor den Karren eines anderen gespannt wurde?«

Kimusuko dachte nach, dann antwortete er: »Es kann sein, dass er seinen eigenen Weg verloren hat und nun sucht er nach etwas, an dem er sein Leben ausrichten kann.«

»So geht es vielen Menschen«, erklärte der weise Alte. »Jeder von uns ist berufen, seinen eigenen Weg zu gehen. Doch es ist oft schwierig, diesen Weg im Auge zu behalten. Manche verlieren ihn ganz aus den Augen. Dann neigen wir dazu, uns vor den Karren eines anderen spannen zu lassen, der uns glauben macht, er wüsste, was gut für uns ist. Und so wie der Wagenlenker weiß, dass ein Esel Karotten liebt, wissen andere, dass jeder Mensch gerne Teil einer Gemeinschaft ist. Damit werden wir verlockt, unseren eigenen Weg zu verlassen. Der Preis, den wir für dieses vermeintliche Glück bezahlen, ist kein geringerer als der unserer Einzigartigkeit.«

Kimusuko schwieg. Nach einer Weile fragte er: »Was kann mich schützen, meinen eigenen Weg zu verlassen?«

»Zunächst einmal frage dich, was dein eigener Weg ist. Dann lege alle Aufmerksamkeit darauf, ihn zu gehen. Beobachte dich genau: Wofür bist du am ehesten bereit, deinen eigenen Weg zu verraten: Ist es die Anerkennung anderer? Ist es Geld? Ist es Sicherheit? Ist es der Glaube an den Willen einer höheren Macht? Ist es das Gefühl, dazuzugehören? Wenn du herausgefunden hast, was deine persönliche Karotte ist, der du bereit bist nachzulaufen, wenn sie dir einer vor die Nase hält, dann lerne damit umzugehen.«

»Wie aber finde ich heraus, was mein eigener Weg ist?«, wandte Kimusuko ein.

»Weißt du es denn nicht schon längst?«, fragte Hiruroshi zurück, und der junge Mann ahnte, was er damit sagen wollte. Irgendwo in ihm, das spürte er, gab es diese Kraft, die ihn antrieb, sein Leben zu gestalten. Es war dieselbe

Kraft, die ihn hierher unter den alten Eibenbaum gebracht hatte und die ihn diese Fragen stellen ließ. Diese Kraft hatte vielleicht noch keine klare Richtung, aber sie war da und sie war stark.

»Den eigenen Weg zu gehen, heißt nicht, sich zu fragen, wohin er führen soll«, sprach Hiruroshi weiter. »Viele Menschen verwechseln den eigenen Weg mit ihrer Bestimmung oder mit Zielen, die sie sich für die Zukunft festlegen. Dabei befindet sich der eigene Weg stets zu unseren Füßen. Nicht wohin die Reise des Lebens geht, ist entscheidend, sondern dass wir in jedem Augenblick unseres Lebens spüren, dass es unsere Reise ist. Wenn du herausfinden möchtest, was dein eigener Weg ist, dann blicke nicht in die Zukunft und auch nicht in die Vergangenheit, sondern erforsche den Augenblick, in dem du dich gerade befindest. Dann frage dich: Bin ich gerade glücklich? Wenn du auch nur den geringsten Zweifel hast, dann frage dein Herz, was ihm als Nächstes guttun würde, und folge diesem Wink.«

»Aber wenn ich meinen eigenen Weg gehe, laufe ich dann nicht Gefahr, von der Gemeinschaft verstoßen zu werden?«

Hiruroshi runzelte die Stirn. »Denke nach! Wie viel ist die Zugehörigkeit zu einer Gemeinschaft wert, die dies von dir verlangt«, antwortete er, und Kimusuko glaubte, eine leichte Ungeduld in der Stimme zu hören. Dennoch wagte er sich weiter.

»Wir können uns das doch nicht immer aussuchen.«

»Wer sagt das? Hast du nichts aus dem Beispiel des Mikeh gelernt? Wir haben immer eine Wahl.« Als Hiruroshi sah, dass sich sein Schüler in einem inneren Kampf befand, wurde sein Blick milder, und er setzte hinzu: »Offensichtlich glaubst du, dass den eigenen Weg zu gehen und Teil einer Gemeinschaft zu sein, Gegensätze sind. Ich möchte dir einen anderen Gedanken vorschlagen. Nimm einmal an, dass du auf die Welt gekommen bist, weil die Welt dich so, wie du bist, braucht. Alle deine besonderen Fähigkeiten, all das, was dich von anderen unterscheidet, ist wichtig für diese Welt. Stelle dir ruhig vor, dass du eine Art Auftrag hier zu erfüllen hast und dass deine Gaben und Talente so etwas wie die Werkzeuge sind, die das Leben dir geschenkt hat, damit du diesen Auftrag erfüllen kannst. So wie du bist, ist es gut. Und genau so sollst du dich auch einbringen.

Auf der Reise deines Lebens lernst du nun immer besser, deine besonderen Fähigkeiten einzusetzen, und zwar nicht nur, um deine eigenen Bedürfnisse zu befriedigen, sondern auch um anderen Menschen einen Dienst damit zu erweisen. Genau so wie du bist, fügst du dich in das Ganze ein. Nur manchmal finden wir den Platz, an dem wir uns so entfalten können, dass wir uns selbst und anderen etwas Gutes damit tun können, nicht auf Anhieb. Dann glauben wir, beides stände im Widerspruch. Vielleicht achten wir auch zu sehr auf die Form, in der wir es tun, glauben, dass die eine besser sei als die andere, anstatt einfach unser Leben in jedem Augenblick genau so zu leben, dass wir im Einklang mit uns selbst sind.« Kimusuko begriff auf einmal, worauf sein Lehrer hinauswollte, und rief: »Dann heißt glücklich sein, Teil einer Gemeinschaft sein, indem wir unseren eigenen Weg gehen!«

Hiruroshi lächelte zufrieden und nickte. »So kann man es beschreiben. Erst wenn wir unseren eigenen Weg gehen, können wir herausfinden, was unser einzigartiger Beitrag in dieser Welt ist. Manchmal bedarf es Mut, den eigenen Weg zu gehen, weil wir spüren, dass wir anders sind als andere, und wir dann fürchten, dafür ausgeschlossen zu werden. Doch auch wenn unser Beitrag sich zunächst nicht den bestehenden Regeln zu unterwerfen scheint, kann genau dies der Beitrag sein: die bestehenden Regeln in Frage zu stellen. So tragen wir durch unsere besonderen Fähigkeiten dazu bei, die Welt, in der wir leben, zu verändern, und gleichzeitig folgen wir ganz unserem inneren Ruf.

Und nun ist es genug für heute. Gehe nun heim und komme morgen zur selben Stunde an diesen Platz, denn die Abenteuer des Mikeh sind noch nicht beendet.«

Kimusuko erhob sich, verneigte sich und machte sich auf den Heimweg.

Der innere Ruf – dieser Gedanke war Kimusuko neu. Er hatte schon davon gehört, dass die Götter das Schicksal der Menschen bestimmen oder dass alles, was einem passiert, nichts als der pure Zufall sei. Nun gab es eine Kraftquelle in ihm selbst, die sein Leben antrieb und seine Schritte lenkte. Er konnte sie deutlich spüren. Sie gehörte ihm ganz und war doch Teil eines Auftrags der Welt. Es hing von ihm selbst ab, ob er diesem inneren Ruf folgen würde oder nicht. Es war seine Wahl, ob er Herr seines eigenen Weges sein würde oder ob er sich vor den Karren eines anderen spannen ließe. Mikeh hatte zuletzt diese Wahl getroffen –

und sich für seinen eigenen Weg entschieden. Vielleicht, so dachte sich Kimusuko, ist beides in Ordnung. Vielleicht geht es dem Esel, der der Karotte eines anderen hinterherrennt, nicht unbedingt schlecht. Vielleicht bedeutete seinen eigenen Weg zu gehen, manchmal anzuecken und die Erwartungen anderer zu enttäuschen. Doch es fühlte sich für ihn in diesem Augenblick an wie das Größte und Schönste auf der Welt.

Glück, so schloss er, ist nicht etwas, das irgendwo in der Zukunft auf uns wartet. Es ist auch nicht etwas, das wir uns erst verdienen müssen oder das davon abhängt, dass wir bestimmte Bedingungen erfüllen. Glück verlangt nichts von uns. Es kostet uns keinen Preis. Wir müssen es uns nicht verdienen. Glück zeigt sich einfach, und zwar dann, wenn wir unseren eigenen Weg gehen.

Zu Hause angekommen, schien er etwas von diesem Glück auszustrahlen, denn als er seiner Mutter begegnete, strahlte sie ihn an und sagte nur: »Die Schönheit ist die Blüte des Glücks.« Dann setzten sich beide zu Tisch, und Kimusuko erhielt ein köstlich duftendes Abendessen. Noch eine Weile saßen sie beieinander und Kimusukos Mutter erzählte ihm dieses und jenes, was ihr am heutigen Tage widerfahren war. Kimusuko beobachtete seine Mutter und sah, wie glücklich sie war, wenn sie für ihn, ihren einzigen Sprössling, sorgen konnte. Da dachte er bei sich, dass etwas sehr Wahres an diesem Sprichwort sein musste: Sie hatte auf ihre eigene Weise ihr Glück gefunden. Später, als er im Bett lag und fast eingeschlafen war, fiel ihm ein Satz des

Buddha ein: »Du bist nicht auf der Erde, um unglücklich zu werden, doch Glück ist allein der innere Friede. Lern ihn finden. Du kannst es. Überwinde dich selbst und du wirst die Welt überwinden.« Mit diesen Worten im Herzen schloss er die Augen und schlief ein.

Kapitel 4

Mikeh und die weiße Katze

Kimusuko hatte einen anstrengenden Tag hinter sich, bevor er sich endlich auf den Weg machen konnte, um die Fortsetzung der Geschichte aus dem Munde Hiruroshis zu hören. Die ganze Zeit über versuchte er, sich auf das zu konzentrieren, was er an den letzten drei Abenden unter dem Eibenbaum gelernt hatte, doch die alltäglichen Ablenkungen ließen ihm keine Ruhe.

Als er endlich an der vereinbarten Stelle erschien, fand er wie die Tage zuvor den alten Weisen auf seinem Stein sitzen, die Augen in Versenkung geschlossen. Und wie die Tage zuvor, hob er erst nach einer ganzen Weile seine Augenlider und blickte Kimusuko mit einem leicht spöttischen Lächeln an. Dann sprach er: »Setze dich und höre mir zu.«

Mikeh genoss die frische Luft und den Sonnenschein, während er leichten Herzens weiter sein Ziel verfolgte: den verlassenen Tempel am Fuße des Fuji, in dem der Katzenkönig Njan-Njan leben sollte. Nach den düsteren Erfahrungen, die er in der Stadt mit der roten Katze gemacht hatte, war er nur noch überzeugter davon, dass er auf dem richtigen Weg war. Und so schritt er frohen Mutes voran.

Irgendwann veränderte sich die Landschaft, links und rechts türmten sich große weiße Felsen auf, und der Weg wurde steiler und anstrengender. Nun machte sich bemerkbar, dass er seit Tagen nichts Richtiges mehr zu fressen bekommen hatte. Zwar hatte er auf dem Weg einen Bach gefunden, an dem er seinen Durst stillen konnte, doch sein Hunger meldete sich immer heftiger. Er musste nun schleunigst etwas zwischen die Zähne bekommen.

Gerade als er sich schon damit abgefunden hatte, auf Mäusejagd gehen zu müssen, was in dieser felsigen Gegend keine einfach Sache sein würde, erblickte er auf dem Gipfel eines Hügels ganz in der Nähe ein leuchtend weißes, einladend wirkendes Häuschen.

»Wenn dieses Haus verlassen ist, dann haben sich bestimmt Mäuse darin versteckt. Und wenn es nicht verlassen ist, dann kann ich auf die Gastfreundlichkeit der Bewohner hoffen«, dachte Mikeh bei sich.

Er raffte sich noch einmal auf und erreichte unter Aufbietung all seiner Kräfte das Haus, das wie aus dem Felsenuntergrund herauszuwachsen schien. Alles sah so gepflegt aus – hier schien jemand zu wohnen. Mikeh klopfte beherzt an die Tür. Da öffnete sich über der Tür ein Fenster, und das Gesicht einer weißen Katze mit großen bernsteinfarbenen Augen lächelte aus der Öffnung.

»Ah, da bist du ja. Komm herein, die Tür ist offen.«

Wurde er erwartet? Oder verwechselte die weiße Katze ihn mit jemandem?

»Ich heiße Mikeh und bin fremd hier in der Gegend.«

»Ja, ja, ich weiß«, flötete die weiße Katze. »Tritt einfach ein, es ist schon alles für dich vorbereitet. Ich komme dann auch gleich herunter.« Dann schloss sich das Fenster wieder.

Verwundert folgte der Kater der Einladung und betrat das Haus. Hier war alles schlicht und sauber eingerichtet. In der Mitte des Raumes stand ein kleiner Tisch, auf dem ein einfaches, aber köstlich duftendes Mahl eingedeckt war: Fische, Reiskuchen und Schälchen mit kristallklarem Wasser. Sollte er sich wirklich einfach bedienen?

Diese Frage wurde von Mikehs knurrendem Magen mit einem eindeutigen Ja beantwortet. So ließ er sich nicht länger bitten und machte sich über das Essen her. Mikeh glaubte, noch nie so lecker gespeist zu haben.

Während er seinen Hunger stillte, hörte er hinter sich die weiße Katze den Raum betreten.

»Ich sehe, es schmeckt dir! Das freut mich. Stört es dich, wenn ich mich ein Weilchen zu dir geselle? Mein Name ist Shironeko.«

Mikeh erwiderte: »Werte Shironeko, habt Dank für Eure Aufmerksamkeit. Aber sagt mir, wer hat Euch verraten, wer ich bin und was ich will?«

»Niemand. Ich habe es ganz einfach gewusst«, entgegnete Shironeko mit einem Lächeln. Und als Mikeh nur verwundert die Augen aufriss, fügte sie hinzu: »Schon heute morgen bin ich mit dem Gefühl aufgewacht, dass ich heute Besuch bekommen würde. Und als ich weiter in mich hineinspürte, war mir klar, dass es jemand sein würde, der sich über eine ordentliche Mahlzeit freuen würde. Und so kam es ja auch, nicht wahr?«

Mikeh war beeindruckt. Zwar hatte er, wie alle Katzen, sehr feine Sinne, aber in die Zukunft sehen? Wie konnte das gehen?

»Dann hast du also vorhergesehen, dass ich kommen würde?«

Die Verwirrung stand dem Kater offensichtlich ins Gesicht geschrieben, denn Shironeko schmunzelte und sprach: »Nicht ganz – das ist keine Hexerei. Ich habe es mir einfach zur Gewohnheit gemacht, auf meine Intuition zu vertrauen. Und die trügt mich in den seltensten Fällen. Das kann im Grunde genommen jeder, alles eine Frage der Übung und des Verbundenseins mit dem Kosmos. Nur haben das die meisten verlernt und deshalb erscheint es dir so seltsam.«

Mikeh nickte nur bedächtig. Diese Katze schien wirklich etwas Besonderes zu sein. Ihre Stimme klang so gütig und doch so selbstbewusst. Zwar verstand Mikeh nicht genau, wovon Shironeko eigentlich sprach, aber es hörte sich sehr bedeutungsvoll an.

»Aber nun zu dir, mein bunter Freund«, fuhr die weiße Katze fort. »Was führt dich in diese Gegend? Es ist eher selten, dass ich Besuch bekomme, und so bin ich neugierig, was dich hier in diese entlegene Ecke verschlagen hat.«

Mikeh erblickte durch eines der Fenster den blauweißen Kegel des Fuji, der sich wie zum Greifen nah in den Himmel erhob, und deutete darauf. »Ich bin auf dem Weg zum Katzenkönig Njan-Njan, vom dem Ihr bestimmt schon gehört habt. Er lebt dort in einem verlassenen Tempel am Fuße des heiligen Berges. Ich suche nach einer Antwort auf die Frage, warum die Nakumaras, die beiden Menschen, bei denen ich lebe, das Glück verlassen hat und wie es wieder zu ihnen zurückkehren kann.«

Shironeko blickte auf einmal ganz traurig aus ihren großen runden Bernsteinaugen. »Oje, das hört sich ja gar nicht gut an. Ich fühle mit dir.« Mit diesen Worten legte die weiße Katze ihre Pfote sanft auf Mikehs Kopf. Bei dieser tröstenden Berührung spürte er, wie sich ein wohliges, leicht wehmütiges Gefühl in ihm ausbreitete. Er hatte die ganze Zeit seines Weges nur daran gedacht, an das Ziel zu kommen, und dabei bis auf wenige Augenblicke völlig vergessen, dass ihn die Strapazen seiner Reise auch seelisch stark mitgenommen hatten. Es tat richtig gut, dass jemand Anteil an seiner Geschichte nahm.

Dann sagte Shironeko: »Ich freue mich, dass ich dir helfen kann. Denn du hast es fast geschafft!«, und sie strahlte wieder.

»Ich verstehe nicht ... «, hob Mikeh an.

»Ganz einfach, ich kann dir den Weg zum Katzenkönig zeigen, du bist ihm schon näher, als du ahnst!«

Sollte am Ende...? Nein, das hier war kein Tempel. Und die weiße Katze war zwar freundlich und gütig, aber der Katzenkönig wurde als ein alter grauer Kater beschrieben.

Wieder schien die weiße Katze Mikehs Gedanken zu erraten und lachte: »Nein, ich bin es natürlich nicht. Aber ich weiß, was es damit auf sich hat. Ich frage dich: Sind wir nicht alle auf der Suche nach dem Katzenkönig? Es ist die Suche nach der Antwort auf die Frage aller Fragen, die uns dazu bewegt. Was ist der Sinn meines Lebens? Was macht mich glücklich? Wie löse ich meine Probleme? Der Katzenkönig ist ein Symbol für diese Suche und ein Symbol für das, was wir am Ende dieser Suche zu erhoffen wagen. Das ist natürlich für jeden etwas ganz anderes.«

»Du meinst also«, fragte Mikeh, »dass es den Katzenkönig gar nicht gibt?« Mikeh stockte der Atem.

»Natürlich gibt es ihn! Hier drin, in jedem von uns wohnt er. Wir sind ständig verbunden mit ihm, er ist uns immer ganz nahe!«

»Aber – dann hätte ich mich ja gar nicht auf diese beschwerliche Reise begeben müssen.« Mikeh war mehr als verwirrt. Das alles ergab für ihn keinen Sinn. Der Katzenkönig nur ein Symbol?

»Aber nein!«, erwiderte Shironeko. »Manchmal müssen wir aufbrechen, um dann bei uns anzukommen. Es fehlt nur noch ein kleines Stück, dann hast du ihn gefunden!«

»Aber wie? Ich begreife das nicht.«

»Dein Verstand ist jetzt ganz verwirrt«, beschwichtigte ihn die weiße Katze. »Das ist ganz normal. Du musst die Zweifel ablegen. Du musst aufhören, es begreifen zu wollen. Die Zweifel versperren dir den Weg zu deinem Herzen. Sie versperren dir den Weg zum Katzenkönig. Lass sie einfach von dir abperlen wie Regentropfen an den Blättern eines Baumes. Mach dich ganz frei von deinen Ängsten, Wünschen und Hoffnungen. Ganz frei… Dann wirst du tief in deinem Herzen eine Stimme hören: die Stimme des Katzenkönigs! Schließe die Augen. Hörst du sie nicht schon leise flüstern? Hörst du sie …?«

Die weiße Katze senkte ihre Stimme zu einem Flüstern, und Mikeh spürte eine merkwürdige Sogwirkung, die von ihren Worten ausging. Er fühlte sich irgendwie eingenebelt und seine Gedanken schossen wie wild durcheinander. Was geschah? Auf der einen Seite war es ein sehr angenehmes Gefühl, sich einfach fallen zu lassen und für einen Augenblick alle Sorgen zu vergessen, auf der anderen Seite schrillten bei ihm innerlich alle Alarmglocken.

Plötzlich rückte Mikeh einen Schritt zurück und löste sich aus der Berührung. Shironeko zuckte kurz zusammen, dann lächelte sie auch schon wieder, diesmal allerdings wirkte das Lächeln etwas angestrengter. Sie hatte offensichtlich nicht mit Widerstand gerechnet.

»Ich merke schon, du bist noch nicht so weit. Aber wir haben ja Zeit. Jetzt, wo du weißt, wo du den Katzenkönig finden wirst, können wir die Sache in Ruhe angehen. Ich werde dir helfen, alle Antworten auf deine Fragen zu finden.«

»Aber ich habe keine Zeit!«, protestierte Mikeh. »Die Nakumaras warten darauf, dass ich zurückkehre und herausgefunden habe, wie das Glück zurückkehren kann.«

»Ja, ja«, lächelte Shironeko, »deine Fürsorge ehrt dich, lieber Mikeh. Doch ich kann dir nur sagen, dass du auch davon loslassen musst, wenn du den Katzenkönig in dir finden willst. Die Sorge um das Glück anderer verhindert, dass du selbst glücklich werden kannst. Und nur darum geht es! Wir können das Glück nicht beeinflussen. Wenn es uns verlässt, dann ist das etwas, das wir akzeptieren müssen. Es ist dann eben unsere Bestimmung. Auch die Nakumaras werden sich in ihr Schicksal fügen müssen, daran kannst du nichts ändern. Was das Universum für uns bestimmt hat, dem müssen wir Folge leisten. Wenn wir uns dagegen wehren, schaffen wir nur Unheil.«

»Du sagst also, dass die Suche nach dem Glück vergebens ist?«

»Glück«, entgegnete die weiße Katze, »ist nicht etwas, das wir suchen können. Das Glück muss uns finden. Niemand kann dem Glück befehlen, entweder es kommt, oder es kommt nicht. Echte Zufriedenheit mit dem Leben entsteht erst dann, wenn wir beginnen, uns mit dem zu bescheiden, was das Schicksal für uns vorgesehen hat. Wahre Freiheit entsteht, indem wir das Leben so akzeptieren, wie es ist! Wahre Freiheit gibt es nur im Hier und Jetzt!«

Mit diesen Worten schloss Shironeko die Augen, holte tief Luft und atmete langsam aus. »Hier und jetzt«, schnurrte sie vor sie hin, »hier und jetzt... hier und jetzt...«

Mikeh war das merkwürdige Verhalten der weißen Katze nicht ganz geheuer, aber er spürte auch die tiefe Überzeugung, mit der sie sprach. Es ging eine starke Kraft von ihr aus, die auch ihn berührte und Saiten in ihm zum Klingen brachte, die er längst vergessen hatte. Er erinnerte sich an Augenblicke höchster Zufriedenheit mit sich und der Welt, wenn er vor dem Kamin bei den Nakumaras oder im Sommer im Gras lag und er, während die Sonne sein Fell wärmte, einfach reglos vor sich hindöste und die Geräusche der Welt an ihm vorbeizogen. Nichts anderes zählte, als einfach da zu sein – im Hier und im Jetzt. Ja, da war etwas Wahres an den Worten der weißen Katze, und wenn er sich vergegenwärtigte, wie Shironeko in diesem bescheidenen, aber schönen Haus mit dem herrlichen Blick auf den heiligen Berg lebte und zufrieden war mit sich und der Welt, nicht mehr wollte, als sie hatte, und sich immer nur von einem Augenblick zum nächsten bewegte, dann überkam ihn eine leise Sehnsucht. Er sehnte sich nach einer Welt, in der er sich keine Sorgen mehr um die kranken Nakumaras machen musste.

Der Gedanke, dass die Dinge, so wie sie waren, gut wären und dass er sie nicht ändern konnte, sondern sich am besten fügte, und die Dinge nähme, so wie sie gerade kämen, beruhigte Mikeh. Fast wie von selbst hatte er die Augen geschlossen und schnurrte selbst im Takt vom Hier und Jetzt. Schließlich überkam ihn eine wohlige Müdigkeit, und er schlief ein.

Mikeh hatte einen Traum. Er war wieder bei den Nakumaras, und alles schien in bester Ordnung zu sein. Herr und Frau Nakumara befanden sich bei bester Gesundheit und spazierten mit lächelndem Gesicht durch ihr Haus. Sie reichten herrlich duftendes Gebäck an ihre Gäste, deren freundliche Stimmen den Raum erfüllten. Immer wieder betrat ein neuer Gast den Raum und begrüßte fröhlich die anderen. Und auch Mikeh kam auf seine Kosten: Wo auch immer er hinging, fand sich eine Hand, die ihn liebevoll streichelte oder ihm ein Stück vom frisch gebackenen Reiskuchen abgab. Frieden erfüllte die Szenerie. Mikeh dachte bei sich: Warum habe ich mich so gesorgt? Es ist doch alles in bester Ordnung!

Doch dann beobachtete er etwas Merkwürdiges. Überall im Haus waren alle Türen stets offen. Dafür sorgten die Nakumaras, weil sie wussten, dass es für Mikeh wichtig war, jeden Raum »seines« Hauses betreten zu können, wenn er seine tägliche Runde machte, um zu sehen, ob noch alles so war, wie er es zuletzt verlassen hatte.

Im Traum jedoch gab es eine Tür, die ihm noch nie zuvor aufgefallen war – und die war fest verschlossen.

Als die Nakumaras bemerkten, dass er sich neugierig der Tür näherte, verwandelte sich ihre Stimmung schlagartig. »Geh fort von dieser Tür, da hast du nichts zu suchen!«, herrschte ihn Frau Nakumara an, und Herr Nakumara holte sogar mit einem Stück Tuch aus und machte Anstalten nach ihm zu schlagen. Erschrocken suchte Mikeh das Weite. Als er sich wenig später wieder zurücktraute, war die Stimmung wie zuvor, und alle waren glücklich und freundlich.

Mikeh beschloss, der Sache auf den Grund zu gehen. In der Nacht, als die Nakumaras sich schlafen gelegt hatten, näherte er sich wieder der verbotenen Tür. Was die Nakumaras nicht wussten: Er hatte mittlerweile herausbekommen, wie er geschlossene Türen aufschieben konnte. Genau dies tat er jetzt. Vorsichtig, um ja kein Geräusch zu verursachen, das die Nakumaras wecken könnte, schob er sich zwischen Türstock und Tür und öffnete sie einen Spalt. Auch wenn er nichts als Dunkelheit wahrnehmen konnte, überfiel ihn sogleich ein mulmiges Gefühl, und fast hätte er sein Vorhaben aufgegeben, wenn er nicht eine Stimme gehört hätte, die ihm zurief: »Mikeh? Bist du es?« Mikeh erkannte die Stimme sofort – es war die von Frau Nakumara. Entschlossen sprang er in das Dunkel und wenige Augenblicke später erkannte er, wo er sich befand: im Haus der Nakumaras! Nur war hier alles so, wie er es verlassen hatte. Eine bedrückende Stimmung lag über dem Ganzen. Dort lagen die Nakumaras, krank und abgemagert, und blickten mit hoffnungsvollen Augen auf den Kater. »Endlich bist du wieder da! Sie haben uns hier eingesperrt! Bitte befreie uns!« Schon hörte Mikeh hinter sich wütende Stimmen, und er wusste, dass die falschen Nakumaras die geöffnete Tür entdeckt hatten. Panik überkam ihn, und er versuchte sich zu verstecken. Doch er hörte nur eine drohende Stimme rufen: »Gib dir keine Mühe, wir kriegen dich – hier und jetzt!«

Mit einem Schrei erwachte Mikeh. Die Sonne schickte ihre letzten Strahlen durch das geöffnete Fenster und tauchte das weiße Häuschen ganz in goldenes Rot. Die Nacht würde bald hereinbrechen. Aus einem Nachbarraum hörte Mikeh Shironeko besorgt rufen: »Ist alles in Ordnung, mein Freund? Du hast bestimmt nur schlecht geträumt.«

Nein, das war nicht einfach nur ein Traum! Mikeh fühlte sich lebendiger und wacher denn je und wusste nur eins: Die weiße Katze führte irgendetwas im Schilde. Das sagten ihm alle seine Katzeninstinkte. Noch einmal würde er sich nicht aufhalten lassen. Sein Blick fiel wieder auf den heiligen Berg, der verheißungsvoll im Abendlicht leuchtete. Diesmal hörte er ganz deutlich eine innere Stimme, und er zögerte nicht einen Augenblick, ihr Folge zu leisten.

Als die weiße Katze den Raum betrat, in dem sie Mikeh zurückgelassen hatte, um für eine Weile zu meditieren und dem Universum zu danken, weil es ihre Bestellung erhört und ihr einen Schüler geschickt hatte, war dieser schon auf und davon. Mikeh lief, so schnell er konnte, auf den Fuji zu.

Kimusuko wartete noch eine Weile, nachdem der Weise seine Geschichte an dieser Stelle beendet hatte. Dann wandte er sich an seinen Lehrer: »Dieses Gefühl, dass alles gut so ist, wie es ist, kenne ich! Manchmal, wenn ich den Staub beobachte, wie er in den Strahlen der Sonne tanzt, oder wenn ich die Nachtigall höre, wie sie ihr einsames Lied in der Dämmerung singt, oder wenn ich sehe, wie im Herbst die Blätter von den Bäumen zu Boden segeln, dann fühle ich, wie sich die alltäglichen Sorgen von mir entfernen und es nur noch mich gibt in diesem einen Augenblick. Ist das nicht so etwas wie das Glück, das Shironeko beschreibt?«

»Ja«, erwiderte Hiruroshi, »das kommt dem Glück schon sehr nahe.«

»Warum dann, ehrenwerter Meister, verlässt Mikeh die weiße Katze Hals über Kopf, und was hat es mit diesem merkwürdigen Traum auf sich?«

»Erinnere dich: Wer hat dir beigebracht, diese Augenblicke des Glücks zu empfinden?«

Kimusuko dachte kurz nach, dann antwortete er: »Diese Augenblicke kamen und gingen von selbst. Ich kann mich nicht daran erinnern, dass irgendjemand sie mir beigebracht hat.«

»Genau das ist der Punkt, mein junger Freund. Glück kann uns nicht beigebracht werden. Doch die weiße Katze behauptete, den Weg zum Glück zu kennen. Nicht nur, dass sie Mikeh – wie es die anderen Katzen auch schon versucht hatten – davon überzeugen wollte, dass es den Katzenkönig nicht gibt, sondern sie gab überdies vor, den einzig richtigen Weg zu kennen, auf dem Mikeh sein Glück finden könnte.«

»Aber ist Glück nicht einfach Glück?«, wandte Kimusuko ein. »Wenn ich einen Menschen treffe, der sagt, er hätte den Schlüssel zum Glück gefunden, kann ich dann nicht davon ausgehen, dass dieser Schlüssel auch auf mich passen wird?«

»Können wir wissen, was einen anderen Menschen glücklich macht? Sieht der Weg zum Glück für alle Menschen gleich aus?«, gab Hiruroshi zurück.

Kimusuko dachte nach. Vielleicht lief Mikeh ja wirklich einem Phantom hinterher, wer mochte das ausschließen?

Und Shironeko kam von allen drei Katzen seinen persönlichen Vorstellungen von Glück am nächsten. An Mikehs Stelle wäre er wahrscheinlich bei Shironeko geblieben. Die Vorstellung, dass es einen Ort gäbe, an dem nichts weiter als friedlicher Einklang mit der Natur nötig war, um glücklich zu sein, gefiel ihm. Andererseits: Wenn es darauf ankam, seinen eigenen Weg zu gehen – wie konnte dann die weiße Katze wissen, dass Mikeh am Ende seiner Suche angekommen war?

»Ich bin mir nicht sicher, Meister. Auf der einen Seite fühle ich mich dem Weg der weißen Katze auf eine gewisse Weise sehr verbunden. Auf der anderen Seite erscheint mir das Verhalten Shironekos seltsam. Wenn sie wirklich so wunschlos zufrieden und im Einklang mit der Welt ist, wieso will sie dann Mikeh bei sich halten?«

»Die Frage ist nicht leicht zu beantworten. Denke an die rote Katze zurück. Durch sie hat Mikeh gelernt, anders zu sein als die anderen, sich nicht blindlings Gesetzen zu unterwerfen, die seinen eigenen Bedürfnissen zuwider sind. Der Weg der roten Katze bringt es mit sich, die Welt als etwas Feindseliges zu betrachten, in der es nur darum geht, sich selbst durchzusetzen.

Die weiße Katze verkörpert eine andere Einstellung zur Welt. Bei ihr geht es darum, sich mit der Welt verbunden zu fühlen, indem wir alles, was uns von anderen unterscheidet, aufgeben. Wir vereinen uns mit der Welt, wenn wir den Weg der weißen Katze gehen. Wir lösen alle Unterschiede zwischen uns und der Welt auf und werden eins mit ihr.

Doch auch hier liegt eine Gefahr. In dieser Verbundenheit mit der Welt können wir uns selbst verlieren. Wir lassen Dinge nur noch geschehen, anstatt unser Leben selbst in die Hand zu nehmen. Wir gleichen dann einem, der sich in einem Boot auf das Meer hinauswagt und sich einfach von den Wellen und den Strömungen treiben lässt, in der Hoffnung, dass er eines Tages sein Ziel erreichen möge. Vielleicht bewundern wir das Vertrauen, das dieser Jemand in sein Schicksal hat, aber niemand kann wissen, ob er sein Ziel je erreichen oder ob er überhaupt irgendwo ankommen wird. Wenn er etwa in einer Flaute verharren muss oder ihn die Wellen an einen unbekannten Strand spülen wie einen Schiffbrüchigen, dann muss er sich sagen, dass die Götter es so gewollt haben oder es ihm eben nicht bestimmt war, zu erreichen, wozu er sich berufen fühlte. Um nicht daran zu verzweifeln, dass ihm die Erfüllung seiner Sehnsucht versagt bleibt, wird er in allem, was ihm begegnet, einen höheren Sinn vermuten, dem er sich zu fügen habe.

Würden wir den Weg der roten Katze wählen, um einen Weg über das Meer zu finden, so würden wir uns nicht den Kräften der Natur widerstandslos ausliefern, sondern würden mit aller Macht gegen Wind und Wellen ankämpfen. Wir würden uns im Wettstreit mit der Natur befinden und ihren Unbilden zu trotzen versuchen, indem wir uns gegen sie stellten. Anders als auf dem Weg der weißen Katze behalten wir so unser Ziel fest im Auge und lassen uns keinen Deut davon abbringen, es zu erreichen, aber die Fahrt kostet uns unendlich viel Kraft, und niemand weiß, ob unsere

Kraft ausreichen wird, um schließlich anzukommen. Wenn wir dann scheitern und auf halber Strecke liegen bleiben, dann müssen wir uns sagen, dass wir nicht stark genug waren.«

»Also muss es einen dritten Weg geben«, schlussfolgerte Kimusuko.

»So ist es, mein Schüler. Weder der eine Weg noch der andere kann uns ans Ziel bringen. Doch in beiden zusammen steckt die Lösung: Wir kämpfen nicht gegen die Natur an, lassen uns aber auch nicht zu einem Spielball der Wellen machen, sondern lernen, mit den Kräften der Natur zu arbeiten und sie für unsere Ziele zu nutzen. Wir gleichen dann einem, der sein Boot durch Wind und Wasser steuert, indem er geschickt die Strömungen nutzt und im rechten Augenblick die Segel setzt, um sich seinem Ziel zu nähern. Vielleicht bedeutet dies, dass er für den Moment den Kurs ändern und sein Ziel aus den Augen verlieren muss, weil der Wind, den er nutzt, um schneller voranzukommen, in eine etwas andere Richtung bläst. Vielleicht nähert er sich seinem Ziel nicht auf der geraden Linie, sondern in einem wechselhaften Kurs, doch er erreicht es.

Es geht also um beides: dem Leben vertrauen und das Leben in die Hand nehmen. Das ist das Geheimnis des eigenen Weges.«

»Und die schwarze Katze steht für die Fähigkeit, zwischen beidem zu wählen, nicht wahr?«, bemerkte Kimusuko. »Sie verkörpert das Prinzip, die Kräfte der Natur zu studieren und dann die richtige Entscheidung zu treffen.«

Hiruroshi lächelte und nickte nur. »Jetzt weißt du auch, warum Mikeh gehen musste. Nicht weil die Lehre der weißen Katze der falsche Weg ist, sondern weil es nicht sein eigener Weg ist und die Ziele der weißen Katze nicht seine eigenen sind – so sehr er sich auch eingeladen fühlte, an diesem friedlichen Ort zu bleiben. Der Traum erinnerte ihn daran, dass er diesen eigenen Weg weitergehen musste. Die Bilder des Traums mahnten ihn, seinem inneren Ruf zu folgen und sich nicht von den Verlockungen der weiße Katze einlullen zu lassen.«

»Diese innere Stimme«, fragte Kimusuko, »können wir uns auf sie verlassen?«

»Es ist die einzige Stimme, der wir getrost folgen können. Vielleicht führt sie uns nicht auf dem geraden Weg ans Ziel, und möglicherweise haben wir den Eindruck, dass wir uns von unserem Ziel sogar entfernen, wenn wir ihr folgen, doch sie ist die Stimme jener Kraftquelle in uns, die uns dazu antreibt, den eigenen Weg zu gehen. Sie ist immer ehrlich zu uns und wird uns nicht verraten. Vielleicht hat sie nicht immer recht, aber sie meint es immer gut mit uns. Darum sollten wir auf sie hören und ihre Worte sehr ernst nehmen.

Manchmal äußert sich diese innere Stimme als ein Widerstand, den wir gegen die Vorschläge und Erwartungen anderer empfinden. Auch Mikeh spürte einen Widerwillen gegen die Ideen der weißen Katze, erinnerst du dich? Die innere Stimme ist skeptisch, weil sie die Hüterin unseres eigenen Weges ist und sich diesen Posten nicht gerne streitig machen lassen möchte. Und ist es nicht so, dass wir uns selbst am besten kennen? Andere, die uns gerne von der Richtigkeit ihres Weges überzeugen möchten – ob sie es nun gut meinen oder nicht –, können diesen Widerstand als mangelnde Einsicht oder fehlende Reife deuten.«

»So wie es die weiße Katze getan hat«, fiel dem jungen Mann ein. »Auch sie unterstellte Mikeh, dass er eben noch nicht so weit sei, weil er sich ihr widersetzte.«

»Vielleicht sollten wir nicht zu hart mit Shironeko ins Gericht gehen, sondern davon ausgehen, dass sie es im Grunde ihres Herzens gut meinte. Doch trotz allem kann sich auch hinter der besten Absicht für uns die Gefahr verbergen, den eigenen Weg aus den Augen zu verlieren. Es ist die innere Stimme, die uns davor warnt. Wenn wir auf sie hören, dann kann es sein, dass wir andere enttäuschen müssen, gerade weil sie es gut mit uns meinen. Das ist ein Augenblick, in dem wir Stärke beweisen müssen.

Du hast mich gefragt, ob nicht Glück für alle Menschen das Gleiche sein könnte. Vielleicht ist es eher so, dass alle Menschen in sich denselben Wunsch spüren, glücklich zu sein. Dieses Bedürfnis teilen alle Menschen auf der Welt miteinander. Doch keine zwei werden den gleichen Weg dorthin finden. Es gibt eine Quelle, aber viele Wege, die das Wasser den Berg hinunterfließen kann.«

»Doch warum gibt es dann Lehrer wie Euch?«, wandte Kimusuko ein. »Wenn niemand einem sagen kann, worin das eigene Glück besteht, dann ist es doch sinnlos, wenn wir andere auf unserem Weg um Rat fragen?«

Hiruroshi schmunzelte. »Deine Frage ist schlau, junger Freund. Und darum frage ich dich: Was glaubst du, werde ich dir auf diese Frage antworten?«

»Eure Art zu lehren«, antwortete Kimusuko beherzt, »besteht nicht darin, mir zu sagen, was richtig und was falsch ist. Alles, was ich von Euch gelernt habe, habe ich am Ende in mir selbst gefunden. Ihr habt mir lediglich ein Licht in die Hand gegeben, mit dem ich meinen eigenen Weg besser erkennen kann.«

»Auf diese Weise, mein kluger Schüler, kann jeder unser Lehrer sein, denn es kommt nicht darauf an, was jemand zu uns sagt, sondern nur darauf, was es in uns bewegt und wie wir damit umgehen. Jede Begegnung, und erscheint sie uns noch so unbedeutsam oder gar unangenehm, ist eine Möglichkeit, Licht auf den eigenen Weg zu werfen und auf ihm mit ganzem Herzen weiterzuschreiten.«

Kimusuko dankte Hiruroshi mit einer tiefen Verbeugung und machte sich auf den Heimweg, nicht ohne mit dem alten Mann noch vereinbart zu haben, am nächsten Tag zur selben Zeit und an derselben Stelle wieder zusammenzukommen. Der Feuerball der Sonne berührte schon die westlichen Hügel, als Kimusuko sich seinem Dorf näherte. Und als das Licht des Tages längst verloschen war und er in der Stube bei seiner Mutter beim Schein der Öllampen saß, beschäftigte ihn immer noch der Gedanke, dass jeder seinen eigenen Weg zum Glück finden müsse. Niemand, so schloss er für sich, kann von sich sagen, dass er glücklicher sei als ein anderer, denn jeder Weg ist unvergleichlich. Niemand kann für einen anderen bestimmen, was Glück bedeutet. Wenn wir anderen Menschen helfen wollen, ihr Glück zu entdecken, dann scheint es sinnlos, sie dazu anzuhalten, es uns gleichzutun, oder ihnen kluge Ratschläge zu geben. Alles, was wir tun können, ist ihnen zu helfen, in Kontakt mit ihrer inneren Stimme zu kommen. Nur diese kann ihnen den Weg weisen.

Kapitel 5

Die Weisheit des Katzenkönigs

Am nächsten Abend kam Kimusuko etwas später als sonst zum Eibenbaum. Meister Hiruroshi saß bereits auf seinem weißen Stein, und sein grimmiger Blick verriet, dass er gar nicht begeistert war. »Hat man dir denn nicht gesagt, dass ein Schüler seinen Meister nicht warten lässt?«

»Verzeiht, Meister Hiruroshi. Ich habe meiner Mutter noch geholfen, das Holz hinterm Haus aufzustapeln.« Und bevor der Meister seine Stimme erheben konnte, packte Kimusuko aus seinem Beutel ein ordentliches Stück Reiskuchen aus, das er dem Älteren mit einer Verbeugung reichte. »Möge dieser Kuchen euch milde stimmen.« Ehe ein Stein zu Boden gefallen wäre, hatte der Meister auch schon zugepackt. Als sich Kimusuko wieder aufrichtete, sah er seinen Lehrer bereits mit einem zufriedenen Gesichtsausdruck den Kuchen kauen. Nicht lange, und Hiruroshi hatte den letzten Krümel verspeist, putzte sich mit dem Ärmel seines Gewandes den Mund ab und begann ohne weitere Verzögerung zu sprechen.

Als Mikeh das Haus der weißen Katze fluchtartig verlassen hatte, wusste er, dass auch sie ihm nicht die Antwort auf die Frage geben konnte, wie er das Glück in das Haus der Nakumaras zurückbringen könnte. Einerseits war er sehr erleichtert, dass er den einlullenden Worten Shironekos widerstanden hatte und sich kein drittes Mal hatte von seinem Weg ablenken lassen. Aber ein wenig weh war ihm schon ums Herz, denn er musste erkennen, dass sein Weg noch nicht zu Ende war und es dauern würde, bis er den Heimweg antreten dürfte. Andererseits war er wieder voller Hoffnung. Für ihn gab es keinen Zweifel mehr: Der Katzenkönig existierte wirklich und war weder ein Ammenmärchen, wie die rote Katze es ihm hatte weismachen wollen, noch eine Legende aus vergangenen Tagen, wie die schwarze Katze ihm glaubhaft versichert hatte, und auch kein Symbol, für das ihn die weiße Katze hielt. Und Mikehs innere Stimme sagte ihm, dass es nicht mehr lange dauern konnte, bis er an den Hof des Katzenkönigs gelangen würde.

Er lief die ganze Nacht, so schnell ihn seine Pfoten tragen konnten, machte nur für Momente Rast, um sich an einem Bergbach zu erfrischen. Dann erhob sich die Sonne hinter dem heiligen Berg, dessen schneebedeckter

Gipfel sich mächtig über dem Kopf des Katers auftürmte. Er war am Fuße des Fuji angekommen. Und so setzte er sich ins Gras, lauschte mit spitzen Ohren und schnupperte mit gespitzter Schnauze in die Welt hinein. Ein Vorübergehender hätte Mikeh wohl für eine Statue gehalten, so still saß er da und richtete seine ganze Aufmerksamkeit darauf, in welche Richtung er sich nun wenden würde.

Plötzlich bewegte sich etwas in seinen Augenwinkeln, und so reglos er einen Augenblick zuvor noch gesessen hatte, so schnell duckte er sich ins Gras, um sich zu verstecken. Es war eine Katze, die den Weg hinaufkam. Mikeh entspannte sich wieder und hob neugierig den Kopf. Die Katze winkte ihm fröhlich zu und begrüßte ihn wie einen alten Bekannten: »Hallo, mein Freund! Wie geht es dir?«

Das graue Fell des Katers, der ihm entgegenkam, schimmerte wie Silber im Licht der Morgensonne und zeugte von seinem hohen Alter. Im Gegensatz dazu bewegte er sich so geschmeidig wie eine junge Katze, und auch seine Stimme war fest und klar und zeigte keine Anzeichen von Ermüdung.

Mikeh ging aus der Deckung. Als er in die Augen des Silberfells blickte, dunkel, klar und ruhig wie ein Waldsee, bestand für ihn kein Zweifel mehr, wen er vor sich hatte. Sein Herz machte einen Riesensatz vor Freude und Erleichterung, und er rief: »Ihr seid Njan-Njan, der Katzenkönig, die Weiseste aller Katzen!«

Mikeh war also am Ziel seiner Reise angekommen. Der Katzenkönig lud Mikeh ein, ihm in seinen Tempel zu folgen, damit sie sich in Ruhe über Mikehs Anliegen unterhalten könnten. Über verschlungene Wege ging es bergauf und bergab, durch Schluchten, in denen das wilde Wasser rauschte, und über Baumstämme, die über reißende Bäche führten. Schließlich gelangten sie zu dem versteckt gelegenen verlassenen Tempel, in dem der Katzenkönig lebte. Hier wurden sie von weiteren Katzen freundlich begrüßt, die alle fleißig irgendeiner Beschäftigung nachgingen.

Njan-Njan bat Mikeh, Platz zu nehmen. Der Katzenkönig selbst ließ sich auf seinem hochherrschaftlichen Thron inmitten eines idyllischen Gartens nieder und sprach: »Nun, du hast sicherlich einen guten Grund, diese weite und auch beschwerliche Reise auf dich zu nehmen. Was führt dich hierher, und was kann ich für dich tun?«

Mikeh sprudelte drauflos. Mehrmals bedeutete Njan-Njan dem aufgeregten Kater mit einer beschwichtigenden Geste seiner Pfote, etwas langsamer zu erzählen und sich Zeit zu lassen. Mikeh berichtete von den Nakumaras, den drei Katzen, denen er begegnet war und wie sie versucht hatten, ihn von seinem Ziel abzubringen.

Der Katzenkönig lauschte den Ausführungen Mikehs schweigend. Hin und wieder riss er erstaunt die Augen auf, und an den Stellen, an denen Mikeh davon berichtete, wie die anderen Katzen ihn davon überzeugen wollten, dass der Katzenkönig nur ein Märchen wäre, lachte er sogar und schüttelte den Kopf. Als Mikeh seine Geschichte beendet hatte, blickte Njan-Njan den Kater noch eine Weile mit festem Blick an, dann sprach er:

»Ich bin froh, mein Lieber, dass du dich nicht von deinem Weg hast abbringen lassen. Es stimmt wohl, dass viele meine Existenz vergessen haben oder sie in das Reich der Fabeln verweisen. Das ist auch nicht weiter schlimm, wie ich meine, denn jeder darf ja meinen und glauben, was er will, wenn es sich für ihn stimmig anfühlt. Nur stimmt es mich nachdenklich, dass sich viele unserer Zeitgenossen das Leben so schwer machen, indem sie, anstatt eine Sache selbst zu prüfen, sich mit Hörensagen begnügen.

Doch in letzter Zeit merke ich, dass sich etwas verändert: Es gibt immer mehr Katzen wie dich, lieber Mikeh, die sich auf ihre innere Stimme verlassen und ihren eigenen Weg nicht aus den Augen verlieren. Denn, das hast du sicherlich bemerkt, nur der eigene Weg führt zu mir: immer der eigenen Schnauze nach. Immer mehr Katzen wollen diesen eigenen Weg gehen und gelangen deshalb zu mir.«

»Es war nicht leicht, auf diesem Weg zu bleiben, das muss ich zugeben«, wandte Mikeh ein. »Die Angebote der anderen Katzen waren sehr verlockend und manchmal schien die Antwort auf alle meine Fragen so nahe. Doch dann spürte ich plötzlich, dass etwas nicht richtig war. Ich bin aufgebrochen mit dem Wunsch, herauszufinden, wohin das Glück gegangen ist und wie es wieder zurückkehren kann. Die schwarze, die rote und die weiße Katze schienen alle zu wissen, worauf es ankommt. Doch dann merkte ich, dass keine der drei selbst wirklich glücklich ist in ihrem Leben. Ich frage mich, wie jemand, der selbst kein Glück in seinem Herzen trägt, anderen sagen kann, wie sie es finden können? Ich habe viel kostbare Zeit vergeudet, indem ich mich auf sie eingelassen habe.«

»Das ist eine interessante Frage. Und doch urteilst du vielleicht vorschnell über die drei. Alle drei haben dir aus bestem Wissen heraus eine Antwort auf deine Frage angeboten. Das, was sie zu dir gesagt haben, beruhte auf ihren Erfahrungen im Leben, und es hat ihnen bisher gute Dienste geleistet, um ihr Leben zu leben, wie sie es eben tun. Darin ist nichts Falsches – nur sind es eben Antworten auf Fragen, die du nicht gestellt hast.«

Mikeh war etwas verwirrt, aber es leuchtete ihm ein. Er hatte ja stets die gute Absicht der Katzen gespürt und das hatte ihm gutgetan. Er schämte sich ein bisschen, dass er Kuroneko, Shironeko und Akaineko vor Njan-Njan schlechtgemacht hatte. Doch der Katzenkönig lächelte nur freundlich und das beruhigte den Kater. Mikeh hatte das gute Gefühl, dass er, egal wie er sich gab und was er sagte, keine Fehler machen konnte. Alles war in Ordnung hier.

»Sage mir, Mikeh, was hast du an den dreien ganz besonders bewundert?«

120

Mikeh überlegte kurz, dann antwortete er: »Alle drei Katzen waren im Grunde sehr freundlich zu mir – jede so, wie sie es eben zeigen konnte. An der schwarzen Katze habe ich das Wissen besonders geschätzt. Unglaublich, welche Zusammenhänge Kuroneko herstellen konnte, und manches davon war auch richtig interessant. Nur geholfen hat es mir eben nicht. Obwohl ich hinterher mehr wusste, war ich so schlau wie am Anfang.«

»Warte noch ein wenig damit, ein Urteil zu fällen. Konzentriere dich lieber darauf, was dir in der Begegnung mit der schwarzen Katze gutgetan hat«, unterbrach ihn der Katzenkönig.

»Kuroneko konnte so gut zuhören. Auch wenn mir seine Fragerei und die Vermutungen über die Ursachen des Problems oft sehr merkwürdig erschienen, spürte ich doch, wie gut es tut, wenn sich jemand so ausführlich in meine Lage versetzen kann.«

»Interessant, findest du nicht auch? Nun erzähle mir, was dich an der Begegnung mit der roten Katze besonders bewegt hat.«

»Akaineko ist eine starke Persönlichkeit. Er weiß, was er will. Wenn er einen Entschluss gefasst hat, dann setzt er ihn konsequent um, ohne zu zögern. Alle haben großes Vertrauen in ihn und verlassen sich auf ihn.«

»Nun aber sage mir, was dir zur weißen Katze einfällt. Was hat dir besonders gut an ihr gefallen?«

»Shironeko ist eine gutmütige Katze. Sie lebt ganz im Einklang mit der Welt und vertraut darauf, dass alles seinen Sinn hat und jeder seinen Platz in dieser Welt hat. Es ist dieses Vertrauen in das Leben, das mich beeindruckt hat.«

»Jede dieser drei Katzen geht ihren eigenen Weg auf der Suche nach dem Glück«, erklärte Njan-Njan. »Die schwarze Katze hat sich für den Weg der Erkenntnis entschieden. Dieser Weg kann auch der Weg des Kopfes genannt werden, denn wer diesen Weg geht, stärkt seinen Verstand. Glück ist aus diesem Blickwinkel etwas, das sich einstellt, wenn wir verstanden haben, wo die Ursache unseres Unglücks liegt. Darum war Kuroneko so erpicht darauf, möglichst viele Informationen zu sammeln und alles zu analysieren, was du ihm mitgeteilt hast.

Die rote Katze geht den Weg der Ordnung, der auch der Weg der Hand genannt wird, denn auf diesem Weg kommt es darauf an, wie wir handeln und wie wir uns verhalten. Glück auf diesem Weg bedeutet, das Richtige zu tun und das Falsche zu unterlassen. Akaineko ist überzeugt davon, dass Glück etwas ist, dass jeder für sich selbst erschaffen kann. Jeder trägt die eigene Verantwortung dafür, ob er glücklich ist oder nicht. Dazu gehört für ihn auch, sich unterordnen zu können, wenn es die Situation verlangt. Glück ist die Belohnung für denjenigen, der es sich verdient hat.

Die weiße Katze geht den Weg der Liebe. Wir könnten ihn auch den Weg des Herzens nennen, denn auf diesem Weg lernt man, sich mit der Welt zu verbinden und dem Leben zu vertrauen. Shironeko glaubt daran, dass Glück sich für denjenigen verwirklicht, der die Dinge so nimmt, wie sie gerade sind. Unglück entsteht aus diesem Blickwinkel, wenn wir etwas wollen, Glück dagegen, wenn wir uns von allen Erwartungen freimachen und einfach nur im Hier und Jetzt leben.«

»Wie aber kommt es«, wandte Mikeh ein, »dass ich den Eindruck gewonnen habe, dass keiner der drei Wege mich glücklich machen konnte?«

»Nun, auch die drei gehen einfach nur ihren eigenen Weg. Wir können nicht wissen, ob sie auf diesem Weg ihr Glück finden werden oder nicht«, sagte Njan-Njan. »Für mich ist keiner der drei Wege falsch – nur jeder für sich genommen reicht nicht aus. Was ist Erkenntnis ohne Ordnung? Sie führt zu keinem Ergebnis, sondern bleibt nichts weiter als eine Theorie. Und was ist Ordnung ohne Liebe? Sie kann schnell herzlos und kalt werden. Wie kann Liebe ohne Erkenntnis glücklich machen? Sie verliert sich in einem Einerlei und wird kraftlos.

Wenn wir lernen, unseren Kopf zu verwenden, unsere Hand zu gebrauchen und unserem Herzen zu folgen, dann kommen wir dem, was Glück ist, schon sehr nahe. Denken, Fühlen und Handeln alleine bieten nur einge-schränkte Möglichkeiten, uns selbst zu verwirklichen. Erst wenn wir alle drei in uns verbinden, erschließen wir uns die Fülle des gesamten Lebens.

Du selbst, lieber Mikeh, trägst alle drei Farben in dei-nem Fell! In jeder dieser drei Katzen bist du letztlich einer Seite deiner eigenen Suche begegnet. Doch gefunden hast du das, was du suchtest, erst, als du alle drei Wege kennengelernt hast.«

Mikeh war wie vom Donner gerührt bei den Worten des Katzenkönigs. Natürlich! Die Begegnungen mit den drei Katzen war kein Zufall. Bei jeder hatte er etwas anderes über sich selbst erfahren und auch etwas gelernt, das ihm auf seiner weiteren Reise nützlich war. Er konnte den Katzenkönig erst dann finden, als er bereit war, den Weg des Kopfes, der Hand und des Herzens in sich zu vereinen. Dies war der Weg eines Buntfells, so wie er eines war.

Njan-Njan hatte beobachtet, was in Mikeh vorging und nickte nur. Nach einer Weile fügte er hinzu:

»Vielleicht ist es aber auch noch etwas anderes, das du beobachtet hast. Bislang sind wir davon ausgegangen, dass Glück etwas ist, was wir finden können. Wenn wir etwas finden wollen, dann müssen wir es suchen, so wie du aufgebrochen bist, um eine Antwort auf deine Frage zu finden, eine Lösung für dein Problem zu suchen. Was aber, wenn das Glück die ganze Zeit da ist und uns nie verlassen hat?«

Mikeh runzelte die Stirn. Er verstand nicht ganz, worauf der Katzenkönig hinauswollte.

»Stelle dir dein Leben wie ein Zimmer vor«, fuhr Njan-Njan fort. »Und dann stelle dir vor, etwas ist darin auf einmal nicht mehr in Ordnung für dich, etwas missfällt dir plötzlich. Das entspricht der Situation, in der sich für uns Unglück in unser Leben mischt oder wir ein Problem haben.«

Mikeh nickte, um zu zeigen, dass er das Bild verstanden hatte.

»Kannst du dir vorstellen, wie jede der drei Katzen jetzt damit umgehen würde?«, fragte der Katzenkönig.

Mikeh überlegte und antwortete: »Die schwarze Katze wird wohl versuchen, den Fehler zu finden. Sie wird das Zimmer auf den Kopf stellen, bis sie die Ursache für die Unordnung gefunden hat. Die rote Katze wird versuchen, die Ordnung wiederherzustellen, ohne sich zu fragen, was die Ursache für das Chaos gewesen sein mag. Und die weiße Katze lässt einfach alles so, wie es ist, und arrangiert sich damit.«

»Ja«, lachte Njan-Njan, »so könnte das aussehen. Leicht kann man sich vorstellen, dass die Unordnung damit noch nicht besiegt ist. Die schwarze Katze hat vielleicht entdeckt, dass eine Maus der Grund für die Unordnung im Zimmer ist; aber wird die Ordnung wiederhergestellt, nur weil der Schuldige gefunden ist? Die rote Katze stellt einfach wieder die Ordnung her, ohne sich darum zu kümmern, warum die Unordnung entstanden ist. So wird sie im Zweifelsfall immer von Neuem Ordnung schaffen müssen, denn die Maus, die das Durcheinander verursacht hat, wird dies auch weiterhin tun. Sehr anstrengend! Und die weiße Katze tut gar nichts, sondern akzeptiert die Unordnung, ergibt sich in ihr Schicksal. Sie kann nur hoffen, dass ein anderer

Zufall ihr wieder Ordnung beschert. Die Gefahr: Das Chaos wird immer größer, und irgendwann verliert sich die weiße Katze darin.«

»Vielleicht sollten sie sich zu dritt an die Lösung des Problems wagen?«, schlussfolgerte Mikeh und fühlte sich dabei ganz als Buntfell.

Der Katzenkönig lachte: »Ganz genau, mein Lieber! Das wäre eine gute Möglichkeit. Doch was hat sie bislang davon abgehalten, sich zusammenzutun?«

»Jede der drei Katzen denkt, dass ihr Weg der richtige ist und dass sie die anderen nicht braucht«, mutmaßte der Kater.

»Ja, das könnte es sein«, bestätigte Njan-Njan. »Manchmal sind wir so überzeugt von unserem eigenen Weg, dass wir die anderen Wege ignorieren oder gar abwerten. Erinnere dich an Akaineko, er hielt Mitleid für falsch; oder an Shironeko, sie empfand es als unnütz, etwas für ihr oder Mikehs Glück zu tun. Doch vielleicht kommt es sogar noch auf etwas anderes an. Könntest du dir vorstellen, dass es noch eine ganz andere Lösung für das Problem der Unordnung im Zimmer gibt?«

Mikeh dachte angestrengt nach. Entweder man lässt alles so, wie es ist, oder man räumt einfach wieder auf. Welche andere Wahl könnte man denn haben?

»Ich weiß es nicht, ehrwürdiger Njan-Njan.«

»Jedes Zimmer hat eine Tür ...«

Da erhellte sich das Gesicht des Katers: »Natürlich! Wir können das Zimmer auch verlassen!« Er musste unwillkürlich an den Traum denken, den er im Haus von Shironeko gehabt hatte.

»Genauso ist es! Es gibt nicht nur dieses eine Zimmer, sondern noch ein anderes nebenan, in das wir durch diese Tür treten können. Das ist es, was ich meine, wenn ich sage, dass das Glück und die Lösung für unsere Probleme nicht gefunden oder erschaffen werden können. Ich behaupte also, dass wir Glück nicht *finden* können, *weil es immer schon da ist.* Wir müssen nur durch die Tür gehen.«

»Was ist in diesem Raum hinter der Tür, weiser Njan-Njan?«

»Der Raum, in dem wir uns die ganze Zeit befunden haben, entspricht dem Hier und Jetzt unseres Lebens. Vielleicht erwartest du jetzt, dass sich hinter der Tür eine ganz andere Welt befindet, etwas, das du noch nie gesehen hast. Doch tatsächlich befindet sich dort genau das gleiche Zimmer – nur ist dort bereits alles so, wie du es dir wünschst. Dort ist alles in Ordnung. Wenn du diesen wundervollen Raum betrittst, dann verlässt du das Hier und Jetzt und unternimmst eine Reise in deine eigene Zukunft, in der alle deine Probleme gelöst sind und du glücklich bist.«

»Warum kann ich in diesem Zimmer nicht einfach bleiben?«

»Es ist auf eine andere Weise wirklicher als das Hier und Jetzt, in dem wir uns befinden. Dieses Zimmer ist so etwas wie eine Erinnerung an die Zukunft. Denke an deine Reise hierher. Bestimmt hast du dir immer wieder ausgemalt, wie es sein würde, wenn du endlich hier angekommen bist. In deiner Vorstellung hast du dich bereits gesehen, wie du mich triffst und ich dir Antworten auf alle deine Fragen gebe.«

»Ja, das habe ich. Immer wieder habe ich mir in Erinnerung gerufen, wie es sein wird, wenn wir uns treffen. Es hat mir Mut gemacht, diese Bilder in mir wachzuhalten und sie mir immer wieder bis ins Detail vorzustellen.«

»Wir besitzen diese erstaunliche Fähigkeit, uns an unsere Zukunft zu erinnern. Wir können uns Dinge vorstellen, die noch gar nicht stattgefunden haben, und können sogar fühlen, wie es uns geht, wenn wir in der Zukunft angekommen sein werden. Und weil wir in der Lage sind, uns bereits im Hier und Jetzt daran zu erinnern, wie es uns einmal gehen wird, wenn sich unsere Wünsche erfüllt und unsere Probleme gelöst haben werden, können wir wissen, das es möglich ist. Wenn du jetzt schon fühlen kannst, wie du dich einst fühlen wirst, dann weißt du, dass es möglich ist.«

Njan-Njan hat recht, dachte Mikeh bei sich. Was auch immer wir über unsere Zukunft heute schon denken und fühlen können, muss bereits in uns existieren. Zwar wusste er nicht genau, was passieren würde, wenn er in den Tempel des Katzenkönigs gelangen würde, aber er hatte stets ein sehr deutliches Gefühl davon gehabt, wie es dort sein würde. Es war ein Gefühl von Frieden und

Klarheit, von Angekommensein und Angenommenwerden. Gerade in Situationen, in denen er sich verloren fühlte oder er an sich und dem Sinn seiner Reise zweifelte, hatte er sich an dieses Gefühl erinnert, und es hatte ihm Kraft gegeben. Es war, wie der Katzenkönig es beschrieb: Er hatte sich an seine Zukunft erinnert – und diese Zukunft war nicht irgendetwas Unerreichbares in weiter Ferne, sondern etwas, das ihn die ganze Zeit begleitet hatte.

»Das ist der Grund«, fuhr Njan-Njan fort, »warum wir nicht in diesem Zimmer bleiben. Es ist nicht das wirkliche Leben, wie du es im Hier und Jetzt führst, sondern es ist das mögliche Leben, wie du es dir vorstellen kannst. Es ist so etwas wie ein Wunderzimmer, in dem

sich alles genau so organisiert, wie es für dich im Hier und Jetzt wünschenswert ist. Doch wenn du dich in diesem Zimmer umgesehen hast, dann ist es auf seine Weise genauso real wie das Zimmer deines Lebens im Hier und Jetzt. Wenn du einen Blick hinter die Tür geworfen hast, dann verändert sich dein Blickwinkel auf dein Leben, weil du dich selbst verändert hast. Das Wunder, dem du dort begegnet bist, wirkt in dir weiter und hat die Kraft, dein Leben zu verändern.

Während das Zimmer des Hier und Jetzt das enthält, was *wirklich* ist, enthält der Raum nebenan alles, was *möglich* ist. Wenn du das Zimmer der Möglichkeiten besucht hast und dann wieder im Raum der Wirklichkeit angekommen bist, wirst du dein Hier und Jetzt mit neuen Augen sehen. Und es wird dir leichterfallen, die Möglichkeiten zu erkennen, die in deinem Leben stecken, anstatt nur das Schwierige und Unglückliche darin zu sehen.«

»Wie öffnen wir die Tür zu diesem Wunderzimmer?«, fragte Mikeh.

»Es ist im Grunde ganz einfach«, antwortete der Katzenkönig. »Wir brauchen uns nur zu fragen: *Was ist anders, wenn sich auf einmal alle unsere Probleme wie durch ein Wunder gelöst haben? Woran merke ich, dass ich dann glücklicher bin?* Wir könnten uns vorstellen, dass wir eines Abends einschlafen und dann mitten in der Nacht, während wir schlafen, ein Wunder geschieht und sich auf einen Schlag unsere Sorgen und Nöte aufgelöst haben. Wenn wir dann aufwachen und uns umsehen – was ist dann alles anders für uns? Wie fühlen wir uns, was denken wir, wie handeln wir?«

»Aber nicht alle Dinge können sich erfüllen, weiser Njan-Njan. Ich kann mir doch nicht wünschen, ein Vogel zu sein und fliegen zu können, nicht wahr?«

Der Katzenkönig lachte. »Natürlich kannst du dir das wünschen, doch ich würde dich dann fragen: Und wenn du fliegen könntest wie ein Vogel, was wäre dann anders für dich? Was würde sich dann für dich erfüllen? Merkst du den Unterschied, Mikeh?«

Mikeh spürte für einen Augenblick nach, was diese Art und Weise zu fragen, bei ihm bewegte. Er könnte sich zum Beispiel einen Haufen Gold wünschen. Wenn er sich dann fragte, was sich für ihn durch diesen Reichtum erfüllte, so würde er antworten, dass er sich dann sicherer fühlen würde, weil er keine Not mehr befürchten müsste. Der Kater begriff: Auch hinter unerfüllbaren Wünschen steckt ein Bedürfnis, das erfüllbar ist. Die Erinnerung an die Zukunft erlaubt, schon einmal in den Zustand zu schlüpfen, in dem diese Erfüllung da ist. Wenn wir uns jetzt schon so fühlen können, wie wir uns nach der Lösung unserer Probleme fühlen werden, dann wird der gegenwärtige Augenblick zum Beweis dafür, dass es möglich ist, wieder glücklich zu werden.

Mikeh wurde nachdenklich. »Wenn das Glück in einem Zimmer zu finden ist, gleich nebenan, und wir nur einen Schritt zu tun brauchen, um das Wunder geschehen zu lassen – warum ist es dann für viele so schwer, glücklich zu sein? Warum gehen sie dann nicht einfach durch die Tür, sondern mühen sich in der Wirklichkeit ab?«

»Das stimmt. Man könnte sich fragen, warum wir manchmal lieber in der Unordnung verharren, als einfach dem Glück die Tür zu öffnen. Meine Antwort darauf ist, dass wir die Tür vielleicht noch gar nicht bemerkt haben. Niemand hat sie uns gezeigt, oder manchmal hat man sie uns auch verboten. Wichtiger aber ist, dass sich dieser Raum demjenigen öffnet, der sich von ganzem Herzen nach Glück sehnt. Wir müssen Glück für möglich halten. Wenn wir nicht glauben, dass es so ein Zimmer gibt, dann werden wir uns auch nicht nach einer Tür umsehen.

Eines darfst du nicht vergessen: Selbst wenn das Zimmer unseres Lebens im Hier und Jetzt voller Unrat ist und immer wieder Chaos darin herrscht, so ist es doch das Zimmer *unseres* Lebens. In ihm gibt es viele Dinge, die uns wertvoll und wichtig sind, Kostbarkeiten, die wir nicht aufgeben möchten. Darum versuchen wir ja auch erst einmal das, was in Unordnung geraten ist, auf unsere Weise in Ordnung zu bringen, selbst wenn wir feststellen müssen, dass das nicht von Dauer ist. Auch wenn das, was wir unternehmen, um unsere Probleme zu lösen, oft zum Scheitern verurteilt ist, zeugt doch unser fortwährendes Bemühen um eine Lösung davon, dass wir unser Leben lieben. Und es zeugt davon, dass jeder von uns die Kraft besitzt, etwas zu verändern, um glücklich zu werden. Nur haben wir vielleicht noch nicht herausgefunden, wie wir es richtig anstellen können. Doch niemand wird leugnen, dass auch gescheiterte Lösungsversuche ein Beweis dafür sind, dass wir überhaupt Kraft besitzen.

Vielleicht befürchten manche Menschen aber, dass eine Veränderung zum Positiven nur gelingen kann, wenn sie auch bereit sind, die Kostbarkeiten ihres Lebens mit aufzugeben. Sie glauben, dass sich Glück nur über einen hohen Preis erkaufen lässt. Vielleicht scheuen wir uns, unsere Bedürfnisse durchzusetzen, weil wir Angst davor haben, dass wir dann die Beziehungen zu anderen Menschen, die uns auch wichtig sind, gefährden werden. Dann werden wir vielleicht darauf verzichten, eine Veränderung anzustreben, und bescheiden uns mit dem geringeren Übel.

An dieser Stelle täte ein Blick in das Zimmer der Möglichkeiten gut. Denn vielleicht machen wir dort eine interessante Entdeckung: dass sich unser Wunsch nach Durchsetzung unserer Bedürfnisse und der nach guten Beziehungen zu anderen gar nicht ausschließen.«

»Wie soll das gehen?«, zweifelte Mikeh. »Angenommen ich hätte einen Wunsch, der im Gegensatz zu den Bedürfnissen eines Menschen steht, der mir sehr nahesteht. Ist es da nicht verständlich, wenn ich meinen Wunsch zurückstecke?«

»Bedenke, mein bunter Freund, dass in diesem Zimmer sich die Dinge wie durch ein Wunder genau so arrangieren, wie es für uns in Ordnung ist. Während wir im Hier und Jetzt oft glauben, dass wir ein Opfer bringen müssen, um glücklich zu sein, zeigt uns ein Blick ins Zimmer der Möglichkeiten, was geschieht, wenn sich unsere Wünsche erfüllen, und zwar im Einklang mit all unseren Bedürfnissen.

In deinem Beispiel könnte ich fragen: *Wem würde es nicht gefallen, wenn sich auf einmal alle deine Probleme gelöst haben? Wer könnte etwas dagegen haben?* Und dann würde ich weiter fragen: *Und wenn du dich jetzt in dein Wunderzimmer versetzt, wie würdest du dann damit umgehen? Was würdest du dann anders machen?* Vielleicht fällt mir ein, dass ich dann etwas tun würde, was ich vorher noch nicht getan habe, oder vielleicht sehe ich dann den anderen aus einem anderen Blickwinkel und könnte seine Beweggründe besser verstehen und überlegen, wie ich meine Bedürfnisse erfüllen kann, ohne die Bedürfnisse meines Gegenübers zu verletzen.«

Mikeh nickte. »Das Wunder, das mir in diesem Zimmer begegnet, setzt sich immer weiter fort. Jede weitere Schwierigkeit, die sich vielleicht daraus ergibt, dass sich für mich mein Wunder erfüllt, wird durch dasselbe Wunder gelöst.«

»Genauso ist es. Das Wunder kann nicht weniger werden, denn das Zimmer ist immer nebenan. Es kommt nur darauf an, es sich zu einer guten Gewohnheit zu machen, es regelmäßig zu besuchen.«

»Was hindert uns daran, dies nicht schon längst zu tun?«

»Wie gesagt: Ein Grund besteht darin, dass wir glauben, dass unser Glück sich nur über große Opfer erkaufen lässt. Ein anderer Grund besteht darin, dass wir uns mit der Existenz einer Tür aus dem Hier und Jetzt schwertun, selbst wenn wir vor ihr stehen. Manchmal hören wir dann innere Stimmen, die uns den Mut nehmen und Dinge sagen wie ›Das klappt eh nicht‹ oder ›Glück haben nur die anderen, mir steht es nicht zu‹ oder ›Glück darf ich erst dann haben, wenn ich diese oder jene Bedingung erfülle‹. Viele hören diese Stimmen auch aus dem Mund anderer. Was auch immer diese inneren oder äußeren Stimmen flüstern werden, es kann uns daran hindern, dem Wunder in unserem Leben Platz zu geben.«

»Was können wir dagegen tun?«, fragte Mikeh.

»Wir sollten auf keinen Fall etwas *dagegen* tun. Wenn wir diese Stimmen ignorieren und nicht hinhören, werden sie einfach nur noch lauter zu uns sprechen. Wenn wir ihnen jedoch einfach erst einmal zuhören und versuchen, genauer hinzuhören, dann werden wir vielleicht eine weitere interessante Entdeckung machen: Diese Stimmen meinen es gut mit uns, in ihnen ist eine gute Absicht verborgen.

Vielleicht haben wir im Laufe unseres Lebens schon zahlreiche Erfahrungen des Scheiterns hinter uns. Dann werden wir eine Stimme hören, die uns davor bewahren will, noch einmal diese schmerzliche Erfahrung zu machen, indem sie uns sagt: ›Das klappt eh nicht.‹ Anstatt gegen diese Stimme anzukämpfen und sie unterdrücken zu wollen, können wir sie als einen etwas verbitterten, aber uns wohlgesonnenen guten Freund betrachten, der uns eine wichtige Botschaft machen möchte. Wenn wir diese Botschaft gehört haben und sie gewürdigt haben, können wir uns überlegen, wie wir die Zweifel, die darin zum Ausdruck kommen, besänftigen können.

Ein gutes Mittel dabei ist, sich zu erinnern: *Wann waren wir dem Zustand des Wunders schon einmal sehr nahe? In welchen Augenblicken fühlten wir uns schon einmal so, wie wir uns gerne in der Zukunft fühlen möchten?* Wenn wir unsere Aufmerksamkeit auf das lenken, was schon einmal funktioniert hat, werden wir feststellen, wie die inneren Zweifler langsam verstummen, denn wenn es schon einmal geklappt hat – und sei es auch noch so ansatzweise und geringfügig –, kann das Argument ›Das klappt eh nicht‹ nicht mehr weiterbestehen. Im Gegenteil: Wenn wir uns auf diese Weise erinnern, dann werden wir zudem Hinweise darauf erhalten, was wir aus diesen bereits erfolgreichen Situationen für unser Hier und Jetzt nutzen können, um noch einmal erfolgreich zu sein.

Das Gleiche gilt für diejenigen, die glauben, dass ihnen das Glück nicht zustünde, oder die ihr Glück davon abhängig machen, dass sich erst bestimmte Bedingungen erfüllen müssten.«

»Ich verstehe«, sagte Mikeh. »Wenn es uns gelingt, auch nur einen einzigen Augenblick in unserem Leben zu finden, in dem wir glücklicher waren als jetzt und hier, können wir nicht sagen, dass wir kein Glück haben können.«

»Darum, mein lieber Freund, wenden wir uns unserer Vergangenheit auch nicht zu, um die Ursachen unserer Probleme zu finden, sondern um die Ursachen unseres Glücks zu finden. Wir suchen nach den Kostbarkeiten unseres Lebens – nach dem, was unser Leben immer schon lebenswert gemacht hat – und bewahren sie als Beweise für unser Recht auf Glück in unserem Herzen. Wir müssen nichts von dem aufgeben, was gut ist in unserem Leben. Es hilft uns im Gegenteil, wenn wir uns immer wieder die Frage stellen: *Was in meinem Leben läuft gerade gut? Was soll sich auf keinen Fall ändern?* Wir stärken das Bewusstsein in uns, dass Teile unseres Lebens bereits voller Glück sein können und wir dies nur deshalb nicht wahrnehmen, weil wir zu sehr damit beschäftigt sind, das zu betonen, was gerade schiefläuft und uns Probleme bereitet. Wenn wir unsere Aufmerksamkeit auf das Gute in unserem Leben richten, dann zeigt sich auch, dass uns das Glück nie verlassen hat, sondern immer anwesend war. Nur haben wir aufgehört, uns daran zu erinnern.«

»Was, ehrwürdiger Njan-Njan, bedeutet es, glücklich zu sein?«

»Vielleicht denkst du jetzt, Glück ist einfach das Gegenteil von Unglück. Doch Glück ist etwas anderes, so wie Gesundheit nicht einfach das Gegenteil von Krankheit ist, sondern etwas viel Umfassenderes. Für jeden Einzelnen mag sich Glück auf eine andere Weise zeigen, doch jeder wird es sofort erkennen, wenn er seinen Blick darauf richtet.

Glück ist auch kein Ergebnis oder ein in ferner Zukunft zu erreichender Zustand. Glück ist nicht das Ziel der Reise, sondern es ist unser ständiger Begleiter. Das Wunderzimmer zeigt uns nicht, wie unser Leben *irgendwann mal* sein wird oder gar sein soll, wenn wir glücklich sind, sondern es zeigt uns alle Möglichkeiten, die wir *hier und jetzt* schon zur Verfügung haben. Wir können nicht immer alle nutzen, aber wir entwickeln uns, und wir können dem Zimmer so oft Besuche abstatten, wie wir es brauchen. Wie gesagt: Jeder muss für sich selbst entscheiden, was sein Glück ist, aber ein untrügliches Merkmal des Glücks ist, das wir das Gefühl haben, dass alles möglich ist.

Erinnere dich selbst einmal an einen solchen Augenblick, in dem du das Gefühl hattest, glücklich zu sein. *Worin unterschied sich dieser Augenblick von allen anderen Momenten deines Lebens?*«

Mikeh überlegte. Er konnte sich nicht an einen bestimmten Augenblick erinnern, aber ihm schossen Bilder durch den Kopf, in denen die Sonne sein Fell wärmte und er von der Veranda in die Landschaft blickte. Vor ihm tanzte ein Schmetterling von Blüte zu Blüte, und ein zarter Duft von Kirschblüten umwehte seine Nase. Es war ein Augenblick, in dem er ganz versunken war in den Anblick der Welt, voller Schönheit und Frieden. Und dann erinnerte er sich, was er getan hatte: Erfüllt von der Einzigartigkeit dieses Augenblicks hatte er begonnen, sein Fell zu putzen – einfach so. Diese bedächtigen und sorgfältigen Gesten seiner Pfote schienen diesen kostbaren Moment zu vertiefen. Irgendwann war es vorbei, ganz von selbst. Vielleicht war die Sonne hinter einem Baum verschwunden oder Frau Nakumara hatte ihn im Garten gerufen – er wusste es nicht mehr so genau. Doch ebenso unvermittelt, wie dieser Moment des Glücks gekommen war, verflüchtigte er sich auch wieder.

Njan-Njan hatte beobachtet, wie sich Mikeh in ein inneres Bild vertiefte und schwieg. Dann lächelte er und sprach:

»Was auch immer dir gerade in den Sinn gekommen sein mag, ich denke, dass du einen Moment des Glücks vor Augen hattest. Manchmal können wir das im Ausdruck des Gesichts eines anderen erkennen.«

»Es war merkwürdig, denn das, woran ich mich erinnerte, war etwas ganz Einfaches und fast Alltägliches. Es glich äußerlich in nichts dem, was ich mir unter dem großen Glück vorgestellt habe. Da war kein überwältigender Augenblick von Freude oder Erhabenheit, mit dem ich Glück in Verbindung bringe. Es war etwas ganz Selbstverständliches, Vertrautes und doch unterschied er sich deutlich von den anderen Augenblicken meines Lebens.«

»Dann hast du das Wesen des Glücks erblickt. Glück ist etwas, das wir in jedem Augenblick des Lebens empfinden können. Es kommt nicht auf uns zu mit einem Donnerschlag und kündigt sich auch nicht mit Pauken und Trompeten an. Auch müssen wir uns nicht großartig dafür anstrengen, noch müssen wir einen Preis dafür zahlen. Glück ist kein Ziel, das wir irgendwann einmal erreichen, sondern ein Erlebnis, das sich uns in jedem Augenblick unseres Daseins offenbaren kann. Es ist ein Zustand, in dem wir gerade so, wie wir sind, in die Welt hineinzupassen scheinen und in dem die Grenzen zur Welt verschwinden – so wie das Puzzlestück verschwindet, wenn es sich in das ganze Bild fügt. Auch wenn die Momente des Glücks etwas Flüchtiges sind und unwiederbringlich verloren zu sein scheinen, wenn sie vorüber sind, verändern sie uns für immer.

Einige sind auf der Suche nach dem perfekten Glück und sehnen sich nach Vollkommenheit, nach der totalen Erfüllung, einem ewig währenden Zustand, in dem es keine Sorgen und Nöte mehr gibt und sich alle Wünsche erfüllt haben. Dabei übersehen sie, dass sich das Glück im Unvollkommenen zeigt und nicht dauerhaft ist. Sie jagen einem Phantom hinterher, anstatt einfach die Augen aufzumachen und sich dem Glück im Hier und Jetzt zu öffnen.

Insofern ist Glück nicht etwas, das uns gegeben wird, sondern ein Zustand, der sich aus dem Einklang mit der Welt ergibt und der immer zur Verfügung steht, unabhängig von sogenannten äußeren Merkmalen des Glücks wie Geld, Schönheit und Anerkennung. Glück ist ein natürlicher Zustand, der jedem Menschen zusteht und keine Bedingungen stellt.

Wenn wir im Zustand des Glücks sind, dann verändern sich Gegenwart, Vergangenheit und Zukunft. So entdecken wir in den Wirklichkeiten die Möglichkeiten – selbst das Vergangene kann in einem neuen Licht erstrahlen. Jeder Zustand des Glücks ist flüchtig, aber er verändert uns unwiederbringlich.«

Mikeh lauschte gebannt den Worten des Katzenkönigs. Er stellte sich eine Blüte vor, die sich der Sonne öffnet, sobald diese scheint. Dies ist der Zustand, in dem Glück möglich ist. Wenn sich dann ein Schmetterling daraufsetzt, ist dies wie ein Augenblick des Glücks.

»Das Streben nach Vollkommenheit ist eine Quelle des Unglücks«, fuhr Njan-Njan fort, »denn wir denken immerzu, es gibt noch etwas Besseres als das, was wir gerade erleben. Darum ist es schon richtig, dass Glück im Hier und Jetzt wohnt. Doch das bedeutet nicht, dass Glück Schicksal ist. Es ist wie eine Tür, die immer offen steht und durch die wir jederzeit eintreten können. Wir brauchen den Mut der roten Katze, den Verstand der schwarzen Katze und wir brauchen das Vertrauen der weißen Katze, um uns dem Glück zu öffnen.«

Mikeh verstand sehr gut, wovon der Katzenkönig sprach, aber es war sehr ungewohnt, Glück aus diesem Blickwinkel zu betrachten. Während er den Weisheiten des Katzenkönigs gelauscht hatte, konnte er merken, wie etwas in ihm leichter wurde. Es fühlte sich gut an, zu spüren, dass das Glück uns nicht verlassen kann, sondern wir uns ihm nur immer wieder zuwenden müssen. Er konnte viele Momente seines eigenen Lebens ausmachen, in denen das, was Njan-Njan sagte, in seiner eigenen Erfahrung lebendig geworden war.

Njan-Njan merkte, dass Mikeh sich sehr angestrengt hatte, ihm zu folgen. Er sagte deshalb: »Lass es uns an dieser Stelle für heute genug sein. Ich werde dir morgen sagen, was du für die Nakumaras tun kannst.«

Mikeh nickte nur, denn er war tatsächlich auch sehr müde. Er bedankte und verabschiedete sich von Njan-Njan, suchte sich einen geschützten Platz und war bald tief und fest eingeschlafen. Diesmal störten keine Träume seinen wohlverdienten Schlaf.

Am kommenden Morgen weckte Njan-Njan den Kater. »Komm, wir müssen uns beeilen. Noch heute sollst du zu den Nakumaras zurückkehren, denn bald ist Vollmond.« Mikeh verstand zwar nicht, was seine Heimkehr mit dem Vollmond zu tun haben sollte, aber er verlor keine weitere Zeit, sondern folgte der Aufforderung des Katzenkönigs. Man hatte ihm ein einfaches, aber ordentliches Frühstück zubereitet, und nachdem er es sich hatte schmecken lassen, begab er sich zu Njan-Njan, der schon in der Tempelhalle auf ihn wartete.

»Nun möchte ich dir einen Vorschlag machen«, begann der Katzenkönig. »Sobald du nach Hause gekommen bist, setze dich, bevor du irgendetwas anderes tust, vor die Haustür und warte. Es ist wichtig, dass dies wirklich das Erste ist, was du tust. Gehe also nicht ins Haus und suche auch nicht als Erstes die Nakumaras. Setze dich einfach hin und bleibe dort, was auch immer geschieht! Dann wird alles gut.«

Mikeh nickte. Was auch immer das zu bedeuten hatte, der Katzenkönig schien zu wissen, wovon er sprach.

Dann verließ der bunte Kater den Tempel frohen Herzens.

Als Hiruroshi diesmal seine Geschichte beendete, hatte Kimusuko keine Fragen mehr, denn er hatte die Antwort bekommen, nach der er so lange gesucht hatte.

Der weise Mann betrachtete seinen Schüler. Er sah, wie Kimusuko vor sich hin lächelte, und er wusste, dass dies der Gesichtsausdruck eines Menschen war, der etwas für sich begriffen hatte. Das erfüllte ihn auf der einen Seite mit großer Freude, denn durch Menschen wie Kimusuko, die das wahre Wesen des Glücks verstanden hatten, würde sich die Weisheit des Katzenkönigs weiterverbreiten und immer mehr Menschen berühren. Immer mehr Menschen würden sich auf den Weg machen, die Tür zu dem wundervollen

Zimmer, in dem alle Probleme gelöst sind, zu öffnen. Auf der anderen Seite war er jedoch auch traurig, denn nun hatte die Geschichte ein Ende und er hatte Kimusuko in sein Herz geschlossen. Seine Rolle als Lehrer war erfüllt, und nun würde der junge Mann seinen eigenen Weg gehen müssen.

Kimusuko stand plötzlich auf und verneigte sich vor Hiruroshi. »Ich möchte Euch zutiefst danken für diese Geschichte. Anfangs kam ich hierher, weil ich hoffte, eine einfache Antwort auf meine Frage nach dem Glück zu bekommen. Nun weiß ich, dass ich die Antwort auf diese Frage nicht einfach bekommen kann, sondern dass ich sie bereits in mir trage. Ich habe also viel mehr bekommen: den Schlüssel zu einem glücklicheren und erfüllteren Leben.«

Hiruroshi neigte sein Haupt ebenfalls und sprach: »Morgen möchte ich, dass du die Geschichte von Mikeh zu Ende erzählst.«

Noch einmal verneigte sich Kimusuko und verließ Hiruroshi, der allein unter dem alten Eibenbaum auf seinem weißen Stein sitzend zurückblieb.

Mit einem zwiespältigen Gefühl machte sich der junge Mann auf den Weg zurück ins Dorf. Einerseits freute er sich, dass die Antwort auf seine Frage nach dem Wesen des Glücks so nahe war, andererseits erfüllte es ihn mit Wehmut, denn er hatte gerade begonnen, mit Hilfe des Weisen etwas sehr Wichtiges für sein Leben zu begreifen. Nun sollte dies alles bald vorüber sein. Während er sich durch die Gassen seinem Zuhause näherte, blickte er den Menschen, denen er begegnete, ins Gesicht. In manchen erkannte er eine tiefe Sehnsucht, und er begriff, dass alle Menschen auf der Suche nach dem Glück waren – und nur wenige wirklich ahnten, dass es ganz nahe bei ihnen war. Es wäre schön, dachte Kimusuko bei sich, wenn auch sie erfahren könnten, dass das, wonach sie sich sehnten, nur darauf wartete, von ihnen ins Leben gerufen zu werden. Das war der Grund, warum es Menschen wie Hiruroshi gab: Sie halfen den Menschen, den Blick auf das zu lenken, was wirklich wichtig ist. »Wenn du erkennst, dass es dir an nichts fehlt, gehört dir die ganze Welt«, soll der große Laotse einmal gesagt haben. Als Kimusuko diesen Satz leise vor sich hin murmelte, wurden seine Schritte auf einmal ganz leicht, und er merkte, wie sich eine Tür in seinem Herzen öffnete. Die Trauer war verschwunden und an ihre Stelle trat die Gewissheit, den ersten Schritt in die richtige Richtung getan zu haben.

Kapitel 6

Die Heimkehr

Als Kimusuko am kommenden Abend wieder am alten Eibenbaum vor den Toren des Dorfes eintraf,
fand er wie schon die Abende zuvor Meister Hiruroshi auf
seinem weißen Stein sitzend vor. Diesmal aber war er nicht
in Gedanken versunken, sondern er war hellwach und stand
erstaunlich behende auf, als sein Schüler auf ihn zukam.
Dann bedeutete er Kimusuko, er solle sich selbst auf den
weißen Stein setzen und das Ende der Geschichte erzählen.
Nach anfänglichem Zögern tat der junge Mann, wie ihm geheißen. Hiruroshi selbst ließ sich einfach unter dem knorrigen Baum nieder, und Kimusuko musste zum zweiten Mal
feststellen, dass der alte Mann für sein Alter noch unge-
mein beweglich war.

Hiruroshi nickte nur mit dem Kopf und bedeutete seinem
Schüler, er könne nun beginnen. Kimusuko hatte lange darüber nachgedacht, wie die Abenteuer des Katers Mikeh
wohl enden würden und wie der seltsame Rat des Katzenkönigs zu verstehen sei. Dann aber fiel es ihm wie Schup-
pen von den Augen, und er wusste, wie der Kater das Glück
in das Haus der Nakumaras würde zurückbringen können.
Also begann Kimusuko zu erzählen.

Nachdem sich Mikeh vom Katzenkönig verabschiedet hatte, folgte er dem Weg zurück, den er gekommen war. Wir wissen nicht genau, ob er der weißen, roten und schwarzen Katze noch einmal einen Besuch abstattete, wahrscheinlicher aber ist, dass er sich beeilte, über den Berg, an der Stadt vorbei und durch den Wald zurück zu seinen geliebten Nakumaras zu kehren.

Bald erblickte er das kleine Häuschen an der Brücke. Die Sonne schien und das wohlvertraute Rauschen des Flusses erfüllte die Luft. Alles lag friedlich da, genauso wie an dem Tag, als er aufgebrochen war, den Katzenkönig zu suchen. Als er das Haus schließlich erreicht hatte, erinnerte er sich an Njan-Njans Worte. So sehr er auch darauf brannte, seine Nakumaras zu begrüßen und nach dem Rechten zu sehen, setzte er sich vor die Haustür – und wartete.

Als er so für sich dasaß und in die Sonne blinzelte, hörte er ein herannahendes Donnergeräusch. Mikeh wusste, was das bedeutete, und am liebsten hätte er sofort Reißaus genommen: Es war Vollmond – die Zeit der sieben Samurai. Das war es also, was der Katzenkönig meinte. Nun wissen alle, dass Katzen sehr reinliche Tiere sind und sich gerne und mit großer Hingabe putzen. Sie tun dies jedoch nicht nur, weil sie ein Bedürfnis nach Sauberkeit haben, sondern auch, wenn sie unsicher sind und sich in der Zwickmühle befinden – und in einer solchen befand sich Mikeh gerade. Schon zeichneten sich in der

Staubwolke die dunklen Gestalten der berittenen Samurai ab. Was hatte der Katzenkönig gesagt? »Setze dich vor das Haus und warte. Bleibe dort sitzen, was auch immer kommen mag! Es wird alles gut werden.« Was also tat Mikeh? Er fasste Vertrauen in die Worte Njan-Njans – und putzte sich. Vielleicht übertrieb er es vor Aufregung dabei, denn gerade als er sich mit besonderer Leidenschaft mit der Pfote hinter dem Ohr putzte, geschah das Unmögliche: Der Tross der Samurai hielt an! Einer der Samurai blickte zu Mikeh hinüber und sprach zu den anderen: »Seht nur! Die Katze dort winkt uns zu – so etwas Seltsames habe ich noch nie gesehen.« Mit diesen Worten sprang er vom Pferd und ging auf das Haus zu.

Obwohl Mikeh am liebsten davongelaufen wäre, blieb er sitzen und tat so, als ob er den riesigen Mann in seiner schwarzen Kleidung nicht bemerkte. Dieser nahm seinen Helm ab – und lächelte Mikeh zu.

»Ist jemand zu Hause?«, rief der Krieger. Mikehs Herz hüpfte vor Freude, als er aus dem Inneren des Hauses die Stimme von Herrn Nakumara hörte, der antwortete: »Tretet ein, wenn Ihr ein Gast seid!« Die Stimme hörte sich immer noch schwach an, aber sie klang wesentlich gesünder als noch zur Abreise des Katers.

Der Samurai betrat den Gastraum. Herr Nakumara erschrak zuerst, als er sah, wen er da ins Haus gebeten hatte. Doch schnell fasste er sich, denn der Samurai blickte freundlich zu ihm herüber und sagte: »Wir sind unterwegs im Auftrag des Kaisers und brauchen eine Erfrischung. Was kannst du uns anbieten?«

Herr Nakumara konnte sein Glück gar nicht fassen: Seit Tagen waren dies die ersten Gäste in seinem Haus! Er bat den Samurai, sich kurz zu gedulden, er werde sogleich eine Mahlzeit zubereiten. Dann lief er zu seiner Frau, die immer noch im Bett lag, und berichtete, was für ein Wunder geschehen war. Als sie daraufhin gleich aufstehen und ihm helfen wollte, versicherte er ihr, dass er das auch ohne Hilfe schaffen würde und sie solle sich einfach weiter ausruhen. Es dauerte nicht lange, und er bewirtete die Krieger mit köstlichem Reiskuchen, Sake und Tee.

In der ganzen Aufregung hatte Herr Nakumara gar nicht bemerkt, dass Mikeh zurückgekehrt war. Dieser saß mittlerweile in der Stube, sah den Samurai bei ihrer Mahlzeit zu und freute sich.

»Ah, da bist du ja!«, wandte sich auf einmal der Ritter zu ihm, der Mikeh vor dem Haus gesehen hatte. Dann sprach er zu Herrn Nakumara, der gerade Reiswein nachschenkte: »Eurer Katze haben wir es zu verdanken, dass wir hier haltgemacht haben. Ich weiß nicht, wie oft wir hier vorbeigeritten sind, ohne zu wissen, dass es hier den köstlichsten Reiskuchen gibt, den ich je gegessen habe. Doch heute saß der Kater vor Eurem Haus und hat uns hereingewunken.« Und zu Mikeh gewandt fügte er hinzu: »Ab heute bist du für mich nur noch Maneki Neko, die winkende Katze!« Dabei lachte er laut, und auch die anderen Samurai fielen in das herzliche Gelächter ein.

Da erst nahm Herr Nakumara Mikeh wahr, und sein Gesicht strahlte vor Freude. Mikeh strich einmal um seine Beine, um ihm zu sagen, dass er wieder da sei und er sich nun keine Sorgen mehr machen müsste, denn das Glück sei wieder ins Haus zurückgekehrt.

Und so war es auch. Die Samurai entlohnten die Nakumaras fürstlich für ihre Gastfreundschaft und versprachen, nun regelmäßig eine Rast bei ihnen einzulegen.

Die Geschichte von der Katze, die vor dem Eingang des Gasthauses sitzt und Gäste herbeiwinkt, sprach sich herum und bald füllte sich das Haus der Nakumaras wieder regelmäßig mit Gästen. Und wenn Mikeh sich dann putzte, riefen die Leute: »Seht nur, da ist die Katze, die das Glück ins Haus gewunken hat!«

Epilog

Auch nachdem die Geschichte von Mikeh ein Ende gefunden hatte, besuchte Kimusuko seinen Meister Hiruroshi immer wieder gerne. Zwar wusste er immer noch nicht, was ihn wirklich glücklich machen würde, aber er suchte auch nicht mehr danach. Vielmehr achtete er darauf, die Augenblicke des Glücks zu vermehren, die sich ihm jeden Tag aufs neue zeigten, wenn er eine Schwierigkeit lösen konnte. Meist tat er dies nur für sich, aber immer häufiger auch für andere, denn den meisten entging es nicht, dass Kimusuko sich veränderte und eine immer größere Gelassenheit zu gewinnen schien. Man könnte fast sagen, er wurde zu so etwas wie einem Meister der Lösungen. Das interessierte auch die Menschen in seiner Umgebung, und so kam es, dass sie hin und wieder bei ihm um Rat fragten.

Eines Tages war der alte Meister Hiruroshi verschwunden. Niemand wusste, wohin er gegangen war oder ob er überhaupt noch lebte. Erst wartete man, ob er nicht doch noch zurückkehren würde, doch der Stein unter dem alten Eibenbaum blieb verwaist.

Einer jedoch ahnte, was dies zu bedeuten hatte. Kimusuko spazierte eines Abends zu der ihm so wohlbekannten Stelle. Die letzten Strahlen der untergehenden Herbstsonne tauchten die Landschaft in ein mildes, goldenes Licht. Irgendwo sang eine Amsel ihr einsames Nachtlied und ein laues Lüftchen ließ ein paar bunte Blätter vor sich her-

tanzen. Am Himmel zeichnete sich die Sichel des abneh-
menden Mondes ab – wie ein Schiff auf der Reise über das
Firmament. Bei diesem Anblick kam Kimusuko mit einem
Male ein Vers in den Sinn, den er irgendwann einmal gehört
hatte: »Wirf deine Gedanken wie Herbstblätter in den blau-
en Fluss, schau zu, wie sie hineinfallen und davontreiben –
und dann: vergiss sie.« Da erwachte auf einmal jene tiefe
Sehnsucht, die ihn einst auf die Suche nach seinem Glück
geschickt hatte, wieder in ihm. Doch diesmal waren da
keine Fragen mehr in seinem Herzen, sondern nur eine
wehmütige Stille, ein eigenartiges Gefühl von Glück und
Abschied zugleich. Einer inneren Eingebung folgend, setzte
er sich auf den Stein, wie schon einmal auf Geheiß seines
Lehrers. Im selben Moment wusste er, was ihn glücklich
machen würde – und er blieb.

Teil 2

Die Glückskatzen-Philosophie

Auf der Suche
nach dem Glück

Wie Sie die Glückskatze
in sich entdecken

Die Fabel von Mikeh auf der Suche nach dem Glück hat Ihnen möglicherweise schon wichtige Impulse gegeben, wie Sie die Glückskatzen-Philosophie in Ihrem Leben einsetzen können. Diese Geschichte enthält jedoch nicht nur wichtige Hinweise darauf, was Glück eigentlich ist, sondern sie schlägt auch vor, sich künftig auf eine andere Art und Weise mit den Problemen, die uns im alltäglichen Leben begegnen, auseinanderzusetzen. Dieser Vorschlag basiert auf der Idee, dass wir unsere Probleme lösen, indem wir unseren Blick auf die Wirklichkeit verändern und unser Leben aus dem »Raum der Möglichkeiten« betrachten. So können wir erkennen, dass unsere Probleme keine festen Eigenschaften unserer Persönlichkeit sind, nicht auf Fehlern beruhen, für die wir uns oder anderen die Schuld zuweisen. Und wir können sehen, dass unser Unglück kein Fluch ist, sondern lediglich ein Zustand, in dem wir uns befinden, und dass dieser Zustand sich löst, indem wir uns in einen anderen Zustand versetzen – nämlich den, in dem alle unsere Probleme bereits gelöst sind.

Das Spannende ist, dass wir selbst in der größten Schwierigkeit Zugang zu diesem Zustand der Lösung haben, so wie sich im Bild des Katzenkönigs die Tür zum »Raum der Möglichkeiten« immer schon in unserem Leben befunden hat. Wir müssen nur trainieren, uns dies bewusst zu machen und immer wieder durch diese Tür zu gehen.

In diesem Kapitel treffen wir erste Vorbereitungen, um uns auf die Suche nach der Tür in den Raum der Möglichkeiten zu machen: Es geht darum, sich seiner Bedürfnisse bewusst zu werden. Der anschließende Leitfaden möchte Sie dazu einladen, sich in konkreten Problemsituationen auf diesen Weg zu machen. Er verspricht nicht, Ihre Probleme zu lösen, aber er kann Ihnen helfen, neue Perspektiven Ihres Problems zu gewinnen, die Kräfte, die in Ihrem Problem schlummern, zu erkennen und konstruktiver einzusetzen als bisher, und schließlich interessante Lösungsideen zu entwickeln, die abseits bislang ausgetretener und wenig erfolgversprechender Pfade liegen.

Was fehlt Ihnen zum Glück?

»Bin ich wunschlos glücklich?« Diese Frage stellen wir uns meistens dann, wenn wir den Eindruck haben, etwas in unserem Leben ist nicht in Ordnung. Wer nichts vermisst, der sucht auch in aller Regel nicht nach etwas. Um uns wie Mikeh auf den Weg zu machen, brauchen wir einen Anlass in unserem Leben. Dieser Anlass kann ein aktuelles Problem sein, das den Fluss unseres Lebens plötzlich ins Stocken bringt.

Dann wieder genügt es schon, wenn uns auf einmal ins Bewusstsein dringt, dass es Dinge gibt, die wir haben könnten, zum Beispiel wenn wir uns mit anderen Menschen und ihren Erfolgen und Errungenschaften vergleichen oder wenn die Medien Wünsche in uns wecken, von denen wir noch gar nicht ahnten, dass sie in uns schlummerten. Wie dem auch sei – es gibt viele Gelegenheiten in unserem Leben, sich die Frage zu stellen, wie nah oder wie weit wir von dem Zustand entfernt sind, den wir für »das Glück« halten.

Wenn uns bewusst wird, was uns fehlt, dann haben wir im Grunde zwei Möglichkeiten: entweder wir vergessen das Ganze und kehren zu Tagesordnung zurück – oder wir nutzen die Gelegenheit, um herauszfinden, was wir wirklich wollen.

Ein freier Wunsch

Was würden Sie sich wünschen, wenn Sie, wie im Märchen, einen Wunsch frei hätten? Welcher Wunsch müsste für Sie in Erfüllung gehen, damit Sie von selbst sagen können: »Ich bin glücklich«? Welches Stück fehlt Ihnen noch zu Ihrem Glück?

Übung: Meine Wunschträume

Schreiben Sie, zeichnen Sie, malen Sie zunächst auf ein Blatt Papier alles auf, was Ihnen einfällt – egal, ob es sich dabei um das Häuschen im Grünen, ein neues Auto, den idealen Partner oder eine Weltreise handelt. Vielleicht fallen Ihnen auch Begriffe ein wie »mehr Freizeit« oder »weniger Chaos in der Familie«. Was auch immer Ihnen in den Sinn kommt, schreiben Sie es auf und zensieren Sie sich dabei nicht. Es geht nicht darum, die Wünsche und Träumereien, die sich zeigen, zu bewerten. Vielmehr besteht der Sinn der Übung darin, sich der Kraft, die hinter diesen Sehnsüchten steckt, bewusster zu werden. Es ist eine Kraft, die uns dazu antreibt, mehr aus unserem Leben zu machen.

Wenn Sie sich diese Übersicht Ihrer gegenwärtigen Wünsche gemacht haben, dann betrachten Sie sie für einen Augenblick ganz in Ruhe. Spüren Sie der Sehnsucht nach, die sich bei der Vorstellung all dieser herrlichen Dinge, die Ihnen noch zum Glück fehlen, einstellen mag. Wo spüren Sie diese Sehnsucht in Ihrem Körper? In der Herzgegend oder eher im Bauch? Spüren Sie ein Kribbeln oder eher einen Druck? Ist das Empfinden eher angenehm oder unangenehm? Ist es vertraut oder fremd? Welche Assoziationen werden wach? Welche inneren Bilder tauchen vor Ihrem geistigen Auge auf? Welche Gedanken gehen Ihnen durch den Kopf? Spüren Sie Handlungsimpulse? Werden Sie sich bewusst, dass hinter all diesen Wünschen, wie unerreichbar und unerfüllbar sie Ihnen auch erscheinen mögen, eine lebendige, wirkliche Kraft steckt, die Sie spüren können. Nehmen Sie diese Energie einfach wahr als ein Zeichen Ihres Lebendigseins im Hier und Jetzt.

Übung: Aus »weg von« wird »hin zu«

Vielleicht haben Sie unter Ihren Wünschen Formulierungen gefunden wie »Ich möchte mich nicht mehr für andere aufreiben«, »Ich möchte keine Angst mehr haben« oder »Ich wünsche mir weniger Streit in meiner Familie«. Solche Wünsche, die zunächst in einer negativen Formulierung auftauchen, indem sie die Abwesenheit von etwas als Ziel haben, haben einen Nachteil: Sie zeigen zwar weg von der als problematisch erlebten Gegenwart, aber sie weisen nicht hin zu einer besseren Zukunft. Weil sie keine Richtung haben, veranlassen Sie uns auch nicht dazu, irgendwohin aufzubrechen. Vielmehr halten Sie uns in dem Zustand der Unzufriedenheit fest.

Viele unserer Wünsche beginnen auf diese Weise: Wir merken, dass etwas nicht in Ordnung ist und wünschen uns als Erstes einfach nur, dass es verschwindet. Wir möchten die Situation einfach so schnell wie möglich verlassen. Doch wenn nicht klar ist, wohin wir uns wenden wollen, kann es schnell passieren, dass wir schon im Vorfeld aufgeben, denn wir haben keine Vorstellung davon, was in Zukunft anders sein soll.

Oder wir brechen kopflos auf, irren eine Weile umher, ohne Klarheit darüber zu haben, was wir eigentlich wirklich wollen. Auf diese Weise sind wir ein gefundenes Fressen für all die »Seelentrösterchen«, die uns die Medien tagtäglich im Überfluss anbieten. Anstatt unsere eigentlichen Bedürfnisse zu befriedigen, kaufen wir uns Kleidung, CDs, Bücher. Anstatt unsere Unzufriedenheit zu überwinden, füllen wir unsere Schränke und Regale mit nutzlosem Zeug, in der Hoffnung, dass »viel« auch viel hilft.

Es ist daher sehr wichtig, negativ formulierte Wünsche, also solche, die die Beseitigung eines Mangels thematisieren, in positive Wünsche umzuwandeln, in solche, die auf einen erstrebenswerten Zustand hinweisen und eine Richtung vorschlagen. Das »Zauberwort« dazu lautet: »Sondern?«.

Wenn Sie einen Wunsch notiert haben, zum Beispiel: »Ich möchte mich nicht mehr für meine Geschwister verantwortlich fühlen«, dann fragen Sie sich unmittelbar danach: »Sondern?« oder »Was soll anstelle dessen da sein?« oder auch »Was wäre dann anders?«. Vielleicht erscheint Ihnen diese Fragestellung anfangs etwas ungewöhnlich, aber wenn Sie sich in sie vertiefen, werden Sie merken, dass Sie schnell auf positive Aussagen stoßen werden. Das könnte sein: »Dann kümmere ich mich lieber um meine eigenen Angelegenheiten« oder »Ich möchte mein eigenes Leben führen«.

Ein anderes Beispiel: »Ich möchte nicht mehr an meiner Migräne leiden« könnte werden zu: »Ich möchte wieder jederzeit frei und klar denken können« oder »Ich möchte mich gesund fühlen und jederzeit das tun, wozu ich Lust habe«.

Bevor Sie sich also dem nächsten Schritt zuwenden, sollten Sie die Wünsche, die Sie notiert haben, in dieser Hinsicht prüfen und entsprechend umwandeln.

Wenn Sie diese Übung richtig gemacht haben, dann gibt es eigentlich nur zwei Möglichkeiten: Entweder Sie fühlen sich gerade unglaublich motiviert, weil Sie feststellen, dass noch so viele Möglichkeiten in Ihnen stecken – oder Sie fühlen sich bedrückt, weil Ihnen nun bewusst geworden ist, was Ihnen alles noch fehlt.

Nur wenn Sie gar nichts empfinden, sollten Sie diese Übung noch einmal in Angriff nehmen, denn dann sind Sie noch nicht richtig in der Kraft der Sehnsucht angekommen.

Erinnern Sie sich an die Geschichte vom halben Glas Wasser? Wenn Sie die Begegnung mit Ihren Wünschen beflügelt, dann gehören Sie eindeutig zu der Gruppe von Menschen, die darin ein halbvolles Glas Wasser erkennen werden. Betrübt es Sie hingegen eher, mit diesen zahlreichen unerfüllten Wünschen konfrontiert zu werden, dann neigen Sie dazu, eher ein halbleeres Glas Wasser zu sehen. Beide Wahrnehmungen haben also nichts mit den Wünschen selbst zu tun, sondern sind Ausdruck einer bestimmten Lebenshaltung.

Die Quelle der Sehnsucht

Liebe, Geborgenheit, Anerkennung, Selbstverwirklichung – Bedürfnisse sind die Quelle unserer Lebensenergie. Da solche grundlegenden Bedürfnisse allen Menschen gemeinsam sind, sind wir auf dieser Ebene, ungeachtet unserer sonstigen Unterschiede, mit anderen verbunden. Sobald wir unsere Aufmerksamkeit auf unsere wirklichen Bedürfnisse richten, betonen wir im zwischenmenschlichen Kontakt das, was uns mit unserem Gegenüber verbindet. Wir erhöhen die Wahrscheinlichkeit, dass es uns versteht, weil es diese Bedürfnisse auch in sich selbst wiedererkennen kann. Auf diese Weise können Misstrauen und Widerstände in Konfliktsituationen wirkungsvoll abgebaut werden, der Boden für Zusammenarbeit und wechselseitiges Verständnis wird bereitet.

Auch wir selbst können davon profitieren, wenn wir, anstatt unsere Wünsche zu betrachten, die Aufmerksamkeit darauf lenken, welche grundlegenden menschlichen Bedürfnisse dahinterstecken. Sie wünschen sich ein Haus im Grünen? Vielleicht ist dieser Wunsch nur Ausdruck Ihres tief verwurzelten Bedürfnisses nach Ruhe und Entspannung. Sie sehnen sich nach einem Partner, mit dem Sie Ihr Leben teilen können? Dahinter schimmert das Bedürfnis nach Liebe, Geborgenheit und Vertrauen. Sie hätten gerne ein schnelles Auto? Möglicherweise ist dieser Wunsch nichts anderes als ein Ausdruck für Ihr Bedürfnis nach Bewegung und Freiheit, vielleicht auch nach Herausforderung. Sie träumen von einer Weltreise und von fernen Kulturen? Dann könnte sich dahinter das Bedürfnis nach Bildung verbergen, aber auch nach Selbstverwirklichung. Jeder Wunsch ist Ausdruck eines zutiefst menschlichen Bedürfnisses. Während Wünsche jedoch manchmal die Neigung haben, sich von der Realität zu entfernen, sind diese Bedürfnisse das, was uns ganz real und lebendig scheint.

Übung: Bedürfnisse erkennen

Betrachten Sie folgende Liste an Bedürfnissen, von denen wir annehmen können, dass sie keinem Menschen fremd sind. Dieses »Bedürfnisvokabular« ist natürlich nicht erschöpfend, aber es kann Ihnen als Inspirationsquelle dienen.

Abwechslung, Aktivität, Anerkennung, Aufrichtigkeit, Austausch, authentisch sein, Balance zwischen Geben und Nehmen, Bewegung, Beständigkeit, Bildung, Ehrlichkeit, Einfachheit, Einfühlsamkeit, Entspannung, Entwicklung, Erfolg, ernst genommen werden, feiern, Freiheit, Freizeit, Freude bereiten, freundlicher Umgang, Freundschaft, Frieden, Gastfreundschaft, Geborgenheit, gehört werden, gesehen werden, Gelassenheit, genießen, Gesundheit, Gemeinschaftssinn, Gleichwertigkeit, Großzügigkeit, Harmonie, Herausforderung, Hilfsbereitschaft, Humor, innerer Friede, Inspiration, Kultur, Kompetenz, Konflikte lösen, Kontakt, Konzentration, Kraft, Kreativität, Lebensfreude, Lebenserhalt, Liebe, Menschlichkeit, Mitgefühl, Mut, Nähe, Natur, Offenheit, Ordnung, Privatsphäre, Pünktlichkeit, Respekt, Ruhe, Rücksichtnahme, Selbstbestimmung, Selbstverantwortung, Selbstvertrauen, Selbstverwirklichung, Sicherheit, Sinnhaftigkeit, Schutz, Sport, Umweltschutz, Umweltbewusstsein, Sexualität, Stärke, Struktur, Tatkraft, Tiefe,

Unterstützung, Verbundenheit, Vergnügen, Vertrauen, Verständigung, Verlässlichkeit, Vielfalt, Vorwärtskommen, persönliches Wachstum, wahrgenommen werden, Wärme, Weitblick, Wertschätzung, wirtschaftliche Sicherheit, Zeit sinnvoll nutzen, Zielstrebigkeit, Zugehörigkeit.

Fühlen Sie sich von dem einen oder anderen Begriff oder gleich von mehreren ganz spontan berührt? Dann sind Sie Ihren wirklichen Bedürfnissen schon auf der Spur. Nehmen Sie sich einen Stift und gehen Sie die Liste noch einmal durch. Markieren Sie jedes Bedürfnis, bei dem Sie sich denken: »Ja, genau das ist es! Das fehlt mir noch zu meinem Glück!«

Wenn Ihnen noch weitere Bedürfnisse einfallen, die hier nicht aufgelistet sind – nur zu! Ergänzen Sie das Repertoire mit Ihren eigenen Ideen.

Übung: Bedürfnisse statt Wunschträume

Jetzt wenden Sie sich wieder Ihren Wünschen zu, die Sie zuvor notiert haben. Nehmen Sie sich einige davon vor und prüfen Sie: Welches menschliche Bedürfnis steckt dahinter? Welche tiefe Sehnsucht versuchen Sie, durch diesen Wunsch zu erfüllen? Nehmen Sie sich genügend Zeit für diese Aufgabe, um den Unterschied herauszuschmecken zwischen den oft banal wirkenden, manchmal unrealistischen Wünschen und den Bedürfnissen dahinter. Jetzt geht es nicht mehr darum, sich im Leben den einen oder anderen Wunsch zu verwirklichen, sondern auf einer tiefgreifenden Ebene für sich selbst zu sorgen.

Was auch immer in der Außenwelt nötig sein wird, um uns dies zu ermöglichen, entscheidend ist, ob wir am Ende den Kontakt zu uns selbst gefunden haben. Wenn wir unsere Aufmerksamkeit auf unsere Bedürfnisse richten, machen wir uns frei von der Vorstellung, ganz bestimmte Dinge oder besondere Menschen zu brauchen, um glücklich zu sein. Und wenn wir unsere Bedürfnisse wieder frei atmen lassen und sie aus dem manchmal zu engen Korsett unserer Wünsche entlassen haben, dann verlangen wir nicht mehr und nicht weniger vom Leben als das, was allen Menschen gleichermaßen zusteht.

Wenn wir im zwischenmenschlichen Kontakt darauf achten, welche Bedürfnisse hinter der einen oder anderen Ausdrucksweise eines Menschen stecken, beginnen wir, unserer Umwelt mit größerer Wertschätzung zu begegnen – und werden letztlich ebensolche ernten. Wenn wir uns unserer eigenen Bedürfnisse bewusst werden, beginnen wir, mit uns selbst wertschätzender umzugehen. Wir erkennen, dass es ganz natürlich ist, nach mehr Glück und Zufriedenheit in unserem Leben zu streben. Diese Wertschätzung sich selbst gegenüber ist das Fundament des Glücks.

Spüren Sie schon, wie die Quelle der Lebensenergie in Ihnen wieder zu sprudeln beginnt?

In sechs Schritten
zum Glück

Lösungen statt Probleme

Ich möchte Sie jetzt dazu einladen, sich ein Problem auszusuchen, das Sie im Folgenden Schritt für Schritt in eine Lösung à la Glückskatze verwandeln. Im Laufe dieses Prozesses werden Sie alle Elemente der Glückskatzen-Philosophie in Aktion erleben.

Schritt 1: Wo drückt der Schuh?

Welches Thema bewegt Sie gerade? Was ist zurzeit Ihr Problem? Doch halt! Bevor Sie sich nun lange und breit darüber auslassen, wo Sie gerade der Schuh drückt, erinnern Sie sich an eines der Grundprinzipien der Glückskatzen-Philosophie: Sie ist lösungsorientiert, nicht problemorientiert, und das bedeutet, dass wir das Problem nicht in allen Einzelheiten analysieren müssen, um an einer Lösung zu arbeiten.

Viel wichtiger ist, dass wir herausfinden, *was stattdessen da sein soll.* Zunächst geht es darum, den Ausgangspunkt unserer Reise zu bestimmen. Das Problem liefert uns lediglich den Impuls, nach einer Lösung zu suchen – es ist der Anlass, sich mit dem Gedanken zu beschäftigen, wie wir eine Veränderung in unserem Leben bewirken können.

Dies ist schon eine der ersten wichtigen Erkenntnisse, die wir über Probleme gewinnen können: Sie sind nicht einfach nur Ärgernisse, sondern sie sind auch Chancen. Schwierigkeiten, die sich uns in den Weg stellen, bieten uns die Gelegenheit, uns selbst und unsere bisherige Lebensweise zu hinterfragen. Sie fordern uns auf, uns nicht mit dem zu bescheiden, was wir vorfinden, sondern aktivieren in uns die Kraft der Sehnsucht nach einem glücklicheren und zufriedeneren, kurz einem besseren Leben.

Damit wir aber nicht in die Falle gehen und uns von unserem Problem »kriegen« lassen, bleiben wir nicht lange bei der Schilderung dessen, was wir gerade als problematisch empfinden, sondern formulieren einen Wunsch, den wir mit der Lösung des Problems verbinden.

Fragen Sie sich also:

→ *Welcher Wunsch soll für Sie in Erfüllung gehen?*
→ *Welche Hoffnung erfüllt sich für Sie, wenn das Problem sich löst?*

Notieren Sie die Ergebnisse Ihrer Überlegungen in Stichwörtern:

....

....

....

....

....

Dieser Wunsch soll nun der Startpunkt Ihrer Reise sein, die Sie unternehmen, um das Problem, das Sie gerade beschäftigt, zu lösen.

Sie erinnern sich: Hinter jedem Wunsch steckt ein Bedürfnis. Ziehen Sie also noch einmal die Liste mit den Bedürfnissen (siehe Seite 169) zu Rate und überlegen Sie:
→ *Welches menschliche Grundbedürfnis steckt hinter diesem Wunsch?*

Auf diese Weise treten Sie nicht nur in Kontakt mit der Kraft Ihrer Sehnsucht, sondern Sie schaffen auch eine positive Stimmung in Bezug auf den Wunsch, das Problem zu lösen. Sie werden sehen: Es ist wesentlich leichter, sich das Recht zuzugestehen, sich einfach ein menschliches Bedürfnis zu erfüllen, anstatt sich hinsichtlich seiner Wünsche immer wieder zu zensieren oder zensieren zu lassen.

Notieren Sie sich jetzt das Bedürfnis, das Sie hinter Ihrem Wunsch erkennen können:

....

....

....

....

....

....

Schritt 2: Identifizieren Sie Ihre Problemkatze!

Der nächste Schritt wendet sich scheinbar dem Problem wieder zu, doch in Wirklichkeit setzen wir uns mit den Kräften auseinander, die uns bislang daran gehindert haben, unser Problem zu lösen. Wir betrachten die Art und Weise, wie wir bisher versucht haben, Schwierigkeiten zu meistern.

In der Fabel von der Glückskatze vertreten die schwarze, die rote und die weiße Katze drei typische Wege, Probleme zu lösen. Keine der drei Katzen ist an sich eine »Problemkatze«, doch ihre einseitige Betrachtungsweise der Lage schränkt ihren Möglichkeitssinn ein. Sie gehen auf eine festgelegte Weise mit Problemen um, und ihre Lösungsversuche tragen stets eine ganz bestimmte Handschrift. Weil sie sich selbst nicht die Wahl lassen, auch andere Wege zu gehen, erscheint ihnen das Streben Mikehs nach einer Lösung, die sie auf ihren gewohnten Pfaden nicht finden, sondern die seinen Bedürfnissen gerecht wird, als unsinnig. Lieber verlassen sie sich auf ihnen vertraute Verhaltensweisen, auch wenn das bedeutet, an der eigentlichen Situation nichts zu verändern.

Wenn wir unter Druck stehen, neigen wir dazu, ganz mechanisch eine der drei Verhaltensweisen an den Tag zu legen, die die drei Katzen verkörpern. Vielleicht haben Sie schon bei der Lektüre der Geschichte an der einen oder anderen Stelle gedacht: Das kommt mir bekannt vor! Das kenne ich auch von mir. Dann sind Sie schon auf der richtigen Fährte, um Ihre persönliche Lieblingsproblemkatze zu entdecken.

Aber schauen Sie sich die drei noch einmal gründlich an, bevor Sie sich entscheiden. Vielleicht ist es nützlich für Sie, sich in Ihre letzten Problemsituationen hineinzuversetzen und sich zu erinnern, wie Sie versucht haben, die Probleme zu lösen. Übrigens: Es kann auch sein, dass Sie sich mit mehr als einer Katze identifizieren können. Möglicherweise reagieren Sie in der einen Situation so und in der anderen so. Überlegen Sie sich dann, welche äußeren Umstände darüber entschieden haben könnten, einmal diesen Lösungsweg zu gehen und einmal einen anderen.

Es kann gut sein, dass Sie in Partnerschaften die schwarze Katze »rauslassen«, während Sie im Beruf alles daransetzen, der roten Katze gerecht zu werden, und Ihren Kindern gegenüber am liebsten als weiße Katze auftreten. Es kann auch sein, dass Sie im Laufe Ihres Lebens die Wege gewechselt haben, und das nicht nur einmal, sondern sogar mehrmals. Diese mangelnde Eindeutigkeit ist keineswegs negativ zu verstehen, sondern ein Kennzeichen von Flexibilität! Sie verfügen bereits über die Fähigkeit, allen Wegen Aufmerksamkeit zu schenken, können Ihre Erfahrungen nur noch nicht richtig zu einem Ganzen zusammenfügen.

Denken Sie immer daran: Ob Sie den einen oder anderen oder mehrere Weg bevorzugen, wird nicht von Charaktereigenschaften oder Wesenszügen bestimmt, sondern von Problemlösungsstrategien, die zur Gewohnheit geworden sind. Jeder von uns kann jeden dieser Wege gehen, auch wenn die meisten sich ganz besonders mit einem identifizieren.

Die schwarze Katze:
Probleme müssen analysiert werden!

Vielleicht neigen Sie dazu, wie die schwarze Katze, sich bei einem anstehenden Problem sofort in Grübeleien zu verstricken und krampfhaft nach Ursachen und Fehlern zu suchen, die Sie oder auch andere gemacht haben können. Vielleicht ertappen Sie sich sogar dabei, dass Sie eine Sache nicht eher ruhen lassen können, bis Sie einen Schuldigen gefunden haben, auch wenn das Problem schon längst gelöst oder im Grunde gar nicht so schwerwiegend ist.

Vielleicht neigen Sie auch dazu, sich sofort Theorien auszudenken, die erklären, warum eine Sache gerade nicht so läuft, wie Sie es sich gerade wünschen. Jeder leise Verdacht und jeder Zweifel, den Sie aus jeder noch so vagen Information ableiten, erhärtet dann diese Theorie. Vielleicht merken Sie dann, wie Sie sich immer mehr damit beschäftigen, warum andere dies nicht so sehen können wie Sie selbst oder wie Sie andere davon überzeugen können, die Angelegenheit genauso zu sehen wie Sie. Wenn Sie sich in dieser Beschreibung auch nur ansatzweise wiederfinden, dann bevorzugen Sie den Weg der schwarzen Katze.

Die rote Katze: Probleme müssen so schnell wie möglich beseitigt werden!

Oder aber Ihre erste Reaktion auf ein auftauchendes Problem besteht darin, die Dinge sofort wieder in Ordnung bringen zu wollen, indem Sie in wilden Aktionismus verfallen. Vielleicht denken Sie sofort darüber nach, was man tun muss, um die Dinge wieder geradezurücken, oder Sie denken gar nicht mal darüber nach, sondern tun einfach irgendetwas, einfach in der Hoffnung, dass das Problem durch eifriges Tun verschwindet. Vielleicht haben Sie auch schon bestimmte Handlungsstrategien entwickelt, nach denen Sie vorgehen werden, die sie dann auch konsequent einhalten, ob das nun zur Schwierigkeit passt oder nicht. Dann verlangen Sie vielleicht auch von anderen Beteiligten, sich Ihnen anzuschließen, und Sie dulden keine Diskussion darüber, ob das der richtige Weg ist oder nicht. Möglicherweise fordern Sie auch andere einfach nur dazu auf, sich endlich zu bewegen, oder fragen sich einfach: »Warum tut denn keiner was?«, um dann im Anschluss festzustellen: »Alles muss man alleine machen!«. Auch kommt es immer wieder vor, dass Sie Gedanken haben wie: »Das geschieht mir ganz recht! Hätte ich doch bloß dieses oder jenes anders gemacht, dann wäre ich jetzt nicht in dieser misslichen Lage! Das soll mir eine Lehre sein ...!«

Sie geben sich gerne selbst die Schuld und sind überzeugt davon, dass Sie für alles verantwortlich sind. Wenn Sie sich auch nur in Teilen in dieser handlungsorientierten Haltung wiedererkennen, dann gehen Sie den Weg der roten Katze.

Die weiße Katze:
Probleme muss man aushalten können!

Möglicherweise sind Sie aber auch eher der Typ, der angesichts eines Problems sofort alle Hoffnungen fahren lässt und sich denkt: »Warum immer ich?«. Dann haben Sie das Gefühl, dass die Welt, das Leben, das Schicksal es einfach nicht gut mit Ihnen meinen, aber dass man da gar nichts machen kann. Vielleicht glauben Sie auch, dass es besser ist, sein Schicksal zu akzeptieren, als sich gegen es aufzulehnen. Probleme, so könnten Sie denken, sind die Folge Ihrer mangelnden Bescheidenheit, ihrer Unfähigkeit, einfach nur mit dem zufrieden zu sein, was das Leben Ihnen beschert. Sie fühlen sich bestraft vom Schicksal und geloben dann Besserung. Oder Sie suchen nach einer Methode, einem Guru oder einem Heilmittel, der oder das Ihnen hilft, auf den rechten Pfad zurückzukehren, um sich noch besser in Ihr Schicksal zu fügen.

Vielleicht ertragen Sie aber auch Ihre Probleme am liebsten im Stillen und warten, bis sie von selbst vorübergehen. Möglicherweise erscheinen Ihnen auch Probleme wie Prüfungen des Lebens, in denen Sie sich bewähren oder eben versagen. Vielleicht hören Sie sich öfter Sätze sagen wie: »Da kann man nichts machen!« oder »Das Leben ist nun mal ungerecht!«. Manchmal glauben Sie sogar, dass nicht jeder einen Anspruch darauf haben kann, glücklich zu sein, und dass es einige eben besser getroffen haben im Leben als andere und dass dies Teil unserer Bestimmung ist, gegen die wir uns nicht auflehnen sollten. Wenn Sie sich in einigen oder mehreren dieser Gedanken wiederfinden, dann gehen Sie den Weg der weißen Katze.

Schritt 3: Werden Sie ein Buntfell!

Ein Lösungsversuch ist noch keine Lösung. Doch hinter Ihrem Bemühen, das Problem zu lösen, steckt viel Kraft. In diesem Schritt der Glückskatzen-Philosophie kommt es darauf an, sich bewusst zu machen, dass die Art und Weise, wie wir bislang unsere Probleme angegangen sind, nicht grundsätzlich falsch ist, sondern lediglich ungeeignet, um Sie an dieses eine konkrete Ziel zu führen.

Um in Richtung Lösung voranzuschreiten, ist es wichtig, anzuerkennen, dass Sie bereits versucht haben, Probleme zu lösen. Sie sind also nicht unfähig, Ihre Probleme zu lösen, sondern benötigen möglicherweise nur noch ein paar weitere Impulse, um auf die richtige Spur gebracht zu werden und um Ihre Kräfte sinnvoller einzusetzen.

Egal mit welcher der drei Problemkatzen Sie sich identifizieren, jede besitzt eine ganz besondere Gabe. Diese Gabe gilt es, als besondere Fähigkeit wertzuschätzen, anstatt sie als Mangel abzuwerten.

Die Gaben der schwarzen Katze

Erinnern Sie sich: Die schwarze Katze geht den Weg der Erkenntnis, den der Katzenkönig auch den Weg des Kopfes oder des Verstandes genannt hat. Zum Problem wird dieser Weg jedoch nur, wenn Sie ihn als den allein seligmachenden Weg betrachten. Die Fähigkeit, die hier sichtbar wird, ist an sich kein Problem. Sie setzen einfach gerne Ihren Verstand ein, analysieren gerne das, was Ihnen begegnet, und versuchen Zusammenhänge zu begreifen. Sie interessieren sich für das, was Ihnen passiert, und Sie suchen jede Gelegenheit, Ihr Wissen und Ihren Horizont zu erweitern. Das ist völlig in Ordnung! Es ist Ihre große Stärke, sich gedanklich auf ein Problem einzulassen, Details zu entdecken und es wie ein Rätsel zu betrachten, das Sie lösen müssen.

Die Gaben der roten Katze

Der Weg der roten Katze ist der Weg der Ordnung oder der Tat, für die symbolisch die Hand steht. Wenn Sie diesen Weg bevorzugen, dann zeigt sich in Ihnen ein starkes Bedürfnis nach Struktur und Planung. Sie möchten die Dinge gerne »im Griff« haben und packen gerne an, wenn es Schwierigkeiten gibt. Ihre große Stärke ist es, Verantwortung zu übernehmen und Worten Taten folgen zu lassen. Andere sehen in Ihnen oft ein Vorbild und man verlässt sich gerne auf Sie. Sie verlieren nicht so schnell den Überblick und sorgen gerne dafür, dass sich alles an seinem Platz befindet. Gerechtigkeit wird bei Ihnen großgeschrieben und Sie setzen sich gerne für das Wohl der Gemeinschaft ein. Dafür sind Sie bereit, auch Opfer zu bringen.

Die Gaben der weißen Katze

Der Weg der weißen Katze ist der Weg der Liebe oder des Herzens. Wenn Sie diesen Weg gehen, dann ist es Ihnen wichtig, sich mit der Welt verbunden zu fühlen. Sie brauchen den Kontakt zu anderen Menschen, aber auch das Gefühl, in etwas Größeres eingebettet zu sein, das Ihrem Leben Sinn und Halt gibt. Sie besitzen ein großes Vertrauen, dass die Welt, so wie sie ist, in Ordnung ist und dass jeder seinen Platz finden kann. Ihre große Stärke ist Ihr Mitgefühl. Sie haben die Gabe, sich in andere Menschen und in Situationen hineinzuversetzen und sie wie von innen heraus zu betrachten. Sie fühlen sich wohl, wenn durch Ihren Beitrag das Miteinander der Menschen gefördert wird und Grenzen und Schranken überwunden werden.

Nutzen Sie die Stärken Ihrer Katze

Überlegen Sie jetzt bitte einmal: Wann haben Sie die Stärke Ihrer persönlichen Lieblingsproblemkatze zuletzt mit Erfolg einsetzen können? Wann hat Ihnen diese Fähigkeit schon einmal geholfen? Was haben Sie zu diesen Zeitpunkten anders gemacht, so dass Sie die Kraft der Erkenntnis, der Ordnung, der Liebe erfolgreich einsetzen konnten? Wie hat sich das angefühlt? Wie hat sich das geäußert? Wie haben andere darauf reagiert? Versuchen Sie, sich diese Situation so detailgetreu wie nur möglich vorzustellen, und suchen Sie nach Unterschieden in Ihrer Haltung, Ihrem Verhalten und Ihrer Sichtweise der Welt im Vergleich zu Situationen, in denen Sie Ihre Stärke nicht erfolgreich eingesetzt haben.

Dann erinnern Sie sich wieder an Ihre persönliche Problemstellung. Da Sie nun wissen, dass Sie bereits erfolgreich Lösungen für Probleme gefunden haben, liegt die Vermutung nahe, dass Sie es auch diesmal schaffen werden. Vielleicht müssen Sie sich aber auch eine ganz andere Frage stellen: Wer oder was hindert Sie daran, diesmal erfolgreich zu sein? Welche innere Kraft steckt dahinter? Was will diese Kraft? Fragen Sie sich: Wovor will mich diese Kraft, die sich gegenwärtig gegen die Lösung meines Problems stellt, bewahren? Was ist ihre gute Absicht? Auch hier können die persönlichen Lieblingskatzen wertvolle Hinweise geben.

Was die schwarze Katze will

Wenn Sie den Weg der schwarzen Katze gewählt haben, ist Ihnen die geistige Auseinandersetzung mit einer Angelegenheit sehr wichtig. Wenn sich die schwarze Katze in Ihnen bei der Lösung eines Problems querstellt, führt sie nichts Böses im Schilde. Vielmehr möchte sie Sie darauf aufmerksam machen, nicht zu vorschnell zu handeln (was sie der roten Katze vorwerfen würde) oder sich zu schnell auf etwas einzulassen (wie es die weiße Katze tun würde). Sie braucht Bedenkzeit und möchte die Fakten gründlich prüfen. Die schwarze Katze möchte Sie davor bewahren, ein wichtiges Detail zu übersehen, das Ihnen später möglicherweise zum Verhängnis werden könnte.

Was die rote Katze will

Die rote Katze scheut die Konfrontation mit der Welt nicht und möchte sich einbringen, weil sie weiß, dass nur, wer aktiv auf die Welt zugeht, sie auch gestalten kann. Sie möchte Sie daran erinnern, dass sich nur dann etwas verändern wird, wenn Sie vom Wort zur Tat schreiten. Sie glaubt daran, dass Sie Ihr Schicksal aktiv beeinflussen können, indem Sie die Welt um sich herum mit Ihren Handlungen gestalten. Zugleich möchte sie Ihnen die Zuversicht geben, dass Sie sich auf niemanden verlassen müssen, um Ihre Probleme zu lösen, sondern dass Sie es ganz aus eigener Kraft schaffen können. Ihr ist wichtig, dass Sie sich nicht mit der Schuldfrage aufhalten (schwarze Katze) oder blind darauf vertrauen, dass es schon irgendwie weitergehen wird (weiße Katze), sondern dass Sie Verantwortung übernehmen und den ersten Schritt machen.

Was die weiße Katze will

Die weiße Katze geht den Weg der Liebe, auf dem es wichtig ist, sich mit der Welt verbunden zu fühlen und auf das Leben zu vertrauen. Wenn sich diese Katze als

Hindernis auf dem Weg zu Lösung eines Problems herausstellt, dann möchte sie Sie vielleicht daran erinnern, wie wichtig Ihnen Mitgefühl und Hingabe sind. Sie befürchtet möglicherweise, dass Sie sich selbst oder andere mit Schuldgefühlen belasten und dadurch die Freude am Leben verlieren und die Beziehung zu sich selbst und zu anderen gefährden (schwarze Katze) oder dass Sie sich selbst oder anderen Leid zufügen (rote Katze), wenn Sie egoistisch nur nach der Verwirklichung Ihrer eigenen Ziele streben. Sie wünscht sich, dass Sie den Kontakt zwischen sich und der Welt bewahren und zum Maßstab für Ihre Entscheidungen werden lassen, ob eine Sache nicht nur gut für Sie selbst, sondern auch für die anderen ist.

Zusammen sind die Katzen stark

Wenn Sie erkannt haben, aus welcher Intention heraus »Ihre« Katze handelt, dürfte es Ihnen leichterfallen, Ihre besondere Art und Weise, mit Problemen umzugehen, zu verstehen und zu würdigen. Da nun die Wünsche, Bedenken und Zweifel der Katzen offensichtlich geworden sind und klar ist, dass sie in guter Absicht handeln, können Sie den Standpunkt wechseln. Bislang ist Ihre innere Katze davon ausgegangen, dass die Fähigkeiten der anderen Katzen so etwas wie eine Gefahr für die Lösung Ihres Problems darstellen. Nun wissen Sie, dass auch die anderen Katzen in guter Absicht handeln. Warum also sollten Sie nicht davon profitieren? Zu dritt sind alle drei Katzen unschlagbar: Wenn der Weg der Erkenntnis, der Ordnung und der Liebe zusammenwirken, dann haben Sie alle Aspekte berücksichtigt, um Ihr Problem nachhaltig zu lösen.

Sie können sich jetzt also fragen:

→ *Was kann Ihre innere Lieblingskatze von den anderen Katzen lernen, um das noch anstehende Problem wirklich zu lösen?*

Was die schwarze Katze noch braucht

Die schwarze Katze befürchtet, dass Sie sich zu wenig mit dem Problem auseinandersetzen und deshalb am Ende ein wichtiges Detail übersehen. Wenn diese Befürchtung zum bestimmenden Element bei der Problemlösung wird, dann kann es vorkommen, dass Sie sich in endlosen Gedankenschleifen um das Problem drehen, nach Ursachen forschen, ohne je zu einem Ergebnis zu kommen, auf dessen Grundlagen Sie Taten folgen lassen können.

Das aber kann die schwarze Katze von der roten lernen: etwas zu wagen und mutig den eigenen Weg zu gehen. Wenn Sie sich dies vom Weg der Ordnung der roten Katze abschauen, dann beginnen Sie mehr Verantwortung für sich selbst zu übernehmen, anstatt die Ursache für Ihre Probleme in der Vergangenheit zu suchen oder bei anderen Menschen. Denn selbst wenn alles dafür spricht, dass es so ist, eine Veränderung ist nur dann wahrscheinlich, wenn Sie den ersten Schritt unternehmen.

Von der weißen Katze kann die schwarze Katze lernen, das Gute an einer Situation zu sehen, so problematisch und schwierig sie auch sein mag. Die weiße Katze hilft Ihnen, sich nicht in Grübelei und negativer Bewertung zu verrennen, sondern die Lage, in der Sie sich befinden, als etwas zu sehen, das Ihnen einfach widerfahren ist und wofür es nicht zwingend einen Schuldigen geben muss.

Was die rote Katze noch braucht

Die rote Katze befürchtet, dass Sie sich damit begnügen, Reden zu schwingen, anstatt Taten folgen zu lassen. Außerdem hat sie etwas dagegen, sich einfach naiv einer Situation hinzugeben, sondern möchte, dass Sie Ihr Leben selbst in die Hand nehmen.

Was Sie vielleicht noch brauchen könnte, ist eine Prise Erkenntnis, wie sie von der schwarzen Katze vertreten wird. Diese Erkenntnis kann Ihnen helfen, Ihre Handlungen gut zu planen und Ihre Strategien zu hinterfragen, wenn Sie merken, dass Sie mit Ihren bisherigen Lösungsstrategien nicht mehr weiterkommen.

Von der weißen Katze profitiert die rote Katze, indem sie sich auf ihr Mitgefühl besinnt. Lösungen könnten allein dadurch nachhaltiger werden, dass Sie versuchen, sich die Folgen Ihres Tuns auf andere bewusst zu machen. Dies können Sie bei Ihren Entscheidungen berücksichtigen und sichern sich so die Unterstützung Ihrer Umgebung.

Was die weiße Katze noch braucht

Ausschließlich den Weg der Liebe zu gehen, bringt die Angst mit sich, beim Lösen der Probleme den Kontakt zwischen sich und der Welt aufgeben zu müssen. Die Welt zu verändern bedeutet eben auch, sich zu engagieren und die Welt als etwas zu betrachten, auf das ich aktiv einwirken kann.

Dies kann die weiße Katze von der roten lernen, denn Letztere trägt die Gewissheit in sich, dass wir nicht Opfer unserer Bestimmung, sondern »Bestimmer« unserer Bestimmung sind. Sie können vom Weg der Ordnung profitieren, wenn Sie sich von ihm ermutigen lassen, sich einzumischen. Schließlich sind Sie nicht nur einfach ein Teil der Welt, sondern auch Gestalter dieser Welt.

Von der schwarzen Katze können Sie lernen, das, was Ihnen widerfährt, nicht einfach so hinzunehmen, sondern es als etwas zu begreifen, das Ihr Leben beeinflussen wird, und dass die Erkenntnis Ihre Verbindung zur Welt nur noch vertiefen wird.

Wenn Sie diesen Gedankengängen von Anfang bis zum Ende gefolgt sind, werden Sie merken, dass Ihre ursprünglich einfarbige Lieblingskatze langsam, aber sicher bunte Flecken bekommen hat! Je mehr Sie darauf achten, auch die anderen Wege in Ihr Denken, Fühlen und Handeln mit einzubeziehen, umso reicher an Möglichkeiten werden Sie sein, anstehende Probleme zu lösen. Werden Sie also zum Buntfell und aktivieren Sie alle Ihre inneren Ressourcen auf dem Weg zu einem glücklicheren und zufriedeneren Leben.

Schritt 4: Nutzen Sie Ihre Ressourcen!

Kehren wir zu Ihrem Anliegen zurück. Nachdem Sie sich klargemacht haben, dass Ihre bisherigen Lösungsversuche nicht »verlorene Liebesmüh« waren, sondern von Ihrem inneren Reichtum zeugen und belegen, dass Sie die Kraft besitzen, Ihr Problem anzupacken, können Sie sich jetzt in der Gegenwart umsehen. Auf welche Ressourcen können Sie im Hier und Jetzt zurückgreifen? Was steht Ihnen aktuell an Möglichkeiten zur Verfügung?

Dieser Schritt ist insofern wichtig, als Sie zwar einen Wunsch geäußert haben, der sich in der Zukunft verwirklichen möge, und ein Bedürfnis, das noch nicht gestillt ist, Sie aber aus Ihrer aktuellen Situation heraus eine Lösung zuwege bringen müssen. Sie haben im Augenblick nichts anderes als Ihre Gegenwart – also nutzen Sie sie, denn Sie steckt voller Möglichkeiten, mehr, als sie vielleicht auf den ersten Blick vermuten würden.

Die alles entscheidende Frage kennen Sie bereits:
→ *Was funktioniert bereits? Was läuft jetzt schon gut?*
→ *Was möchte ich auf keinen Fall verändern?*

Richten Sie Ihr Augenmerk also auf die Fähigkeiten, Dinge, Eigenschaften, Ideen, über die Sie jetzt schon verfügen, um Ihr Problem zu lösen.

Seien Sie hier nicht allzu wählerisch: Alles, was die Gegenwart Ihnen bietet, kann nützlich sein! Werden Sie kreativ! Entdecken Sie überall um sich herum Ressourcen, die Sie einsetzen können, um Ihrem Ziel einen Schritt näherzukommen. Gehen Sie von dem Grundsatz aus: Wenn etwas Teil meines Lebens ist, dann kann ich es auch nutzen!

Auf welche Erfahrungen können Sie zurückgreifen? Welche Hobbys haben Sie? Welche Beziehungen? Welche besonderen Fertigkeiten kennzeichnen Sie vor allen anderen Menschen aus? Wofür bekommen Sie zurzeit Anerkennung und Komplimente?

Denken Sie auch immer wieder an die Möglichkeit, aus Stroh Gold zu machen: Selbst Fehler, die Sie gemacht haben, können Ihnen helfen, sich der Ressourcen bewusst zu werden, über die Sie im Moment verfügen. Es ist nur wichtig, dass Sie sich nicht fragen: »Wieso habe ich dieses oder jenes falsch gemacht?«, sondern stattdessen: »Wie ist es mir gelungen, meine Fehler wieder zu korrigieren?«. Hören Sie also nicht auf, nach den guten Dingen zu fahnden, die sich Ihnen gerade anbieten. Schärfen Sie Ihre Wahrnehmung für alles, womit Sie jetzt schon zufrieden sein können. Das stärkt Ihr Selbstbewusstsein und erhöht Ihr Vertrauen in Ihre Fähigkeit, Lösungen zu finden.

Könnte es nicht auch sein, dass sich Teile Ihres Wunsches in manchen Lebensbereichen bereits erfüllt haben? Wenn Sie Hinweise darauf entdecken können, die Ihnen zeigen, dass der Prozess der Erfüllung Ihres Wunsches bereits angefangen hat, und seien diese Hinweise noch so minimal, dann ist das Gold wert! Kein Problem belastet Sie ununterbrochen. Es gibt immer Ausnahmen, Phasen, in denen das Problem weniger dramatisch erscheint oder sich sogar erste Lösungen abzeichnen. Finden Sie so viel wie möglich über diese Ausnahmen heraus. Fragen Sie sich: »Wie habe ich das angestellt?« Selbst wenn Ihnen keine einzige Ausnahme einfallen will und Sie keinen Silberstreif am Horizont entdecken können, ist es möglich, sich in einen ressourcenreicheren Zustand zu versetzen. Sie könnten sich dann zum Beispiel fragen: »Wie bin ich trotz allem so weit gekommen?«, »Wie gelingt es mir trotz allem, mit dieser Situation umzugehen?« oder »Wie habe ich es angestellt, dass meine Lage nicht noch schlimmer wird?«.

Und dann gibt es ja auch noch Ihre Mitmenschen. Jeder von uns ist Teil eines Netzwerks aus Beziehungen – eine der stärksten Ressourcen, die wir als Mensch besitzen! Vielleicht glauben Sie, dass Ihnen andere Menschen nicht helfen können – und sehr wahrscheinlich haben Sie recht, denn niemand wird Ihnen besser helfen können als Sie sich selbst. Doch das ist noch lange kein Grund, sich nicht in Ihrer Umgebung umzusehen. Schauen Sie, wie andere es machen! Es geht nicht in erster Linie darum, bei anderen das Interesse für unsere Situation zu wecken. Das ist etwas, was wir nicht beeinflussen können.

Das Geheimnis, auch an dieser Stelle aus Stroh Gold zu spinnen, besteht darin, alles, was man zu uns sagt, erst einmal so stehen zu lassen. Selbst wenn wir auf Ablehnung oder Widerstand in unserer Umwelt stoßen, kann uns dies nützen. Am besten, Sie hören einfach gut hin, was andere Ihnen zu sagen haben, und kommentieren es nicht weiter, schon gar nicht sollten Sie in Versuchung geraten, anderen vorzuhalten, sie lägen völlig falsch oder hätten unrecht. Tun Sie etwas viel Sinnvolleres, als Ihre Energie mit Rechtfertigungen zu verschwenden: Betrachten Sie die Kritik, die man Ihnen entgegenbringt, genauso als Geschenk wie ein Kompliment! Fragen Sie sich: »Könnte es sein, dass es mir nicht gelungen ist, mein Anliegen so zu formulieren, dass mein Gegenüber mich versteht? Was könnte ich tun, um dies zu verändern? Auf welche Bedürfnisse beim anderen muss ich wohl besser achten?« So verwandeln Sie selbst die schärfste Kritik in eine Chance, der Lösung Ihres Problems näherzukommen!

Sie sehen: Mit etwas Geschick spüren Sie selbst an den Stellen, an denen Sie es nicht vermutet hätten, den Reichtum des Hier und Jetzt auf. Oft verstecken sich hinter den widrigsten Fassaden die kostbarsten Schätze und in den dunkelsten Winkeln unserer Persönlichkeit schlummern ungeahnte Kostbarkeiten. Ressourcen, wohin man schaut!

Hier ist Raum für das, was Sie an kostbaren Ressourcen im Hier und Jetzt entdeckt haben:

....

....

....

....

....

Schritt 5: Vergangenheit und Zukunft als Quellen der Kraft

Sie sind nun bestens vorbereitet auf den nächsten Schritt. In diesem Schritt öffnen Sie die Schatzkammern der Vergangenheit und der Zukunft.

Der Katzenkönig Njan-Njan beschrieb den Zustand des Glücks, in dem alle unsere Probleme gelöst sind, als den Raum der Möglichkeiten, der neben dem Raum der Wirklichkeit existiert. Ein Besuch in diesem Raum kann unsere Sicht der Dinge so verändern, dass wir nicht mehr versuchen werden, Probleme zu verändern, indem wir sie analysieren, bekämpfen oder ignorieren.

Sondern die Welt selbst kann eine andere sein. Wenn wir diesen Raum besuchen, erfahren wir etwas darüber, wie unser Leben sein wird, wenn wir frei sind von allen Nöten und Sorgen. Man könnte auch sagen: In diesem Raum finden wir stets die bestmögliche Variante unseres Lebens, indem sich all das als bereits verwirklicht zeigt, was sich im Raum der Wirklichkeit vielleicht noch gar nicht oder nur sehr undeutlich entfalten konnte.

Dieser Raum ist nur durch eine Tür von uns getrennt, aber weil wir so beschäftigt sind, uns mit den Tatsachen der Wirklichkeit auseinanderzusetzen, entgeht sie uns. Wollen wir also den Raum der Möglichkeiten betreten, müssen wir zunächst einmal unsere Aufmerksamkeit darauf lenken und uns dann nach einem Schlüssel umsehen.

Wie öffnet man diese Tür? Es wird Zeit für ein Wunder!

Die Reise in die Zukunft

Vergegenwärtigen Sie sich Ihr Anliegen. Stellen Sie sich vor, es ist abends und Sie gehen zu Bett. Sie schlafen irgendwann ein. In der Nacht geschieht ein Wunder, und das Wunder besteht darin, dass sich Ihr Wunsch erfüllt hat, einfach so. Am nächsten Morgen wachen Sie auf. Aber niemand hat Ihnen erzählt, dass das Wunder geschehen ist.

Fragen Sie sich dann: »Woran würde ich merken, dass sich mein Problem gelöst und mein Wunsch erfüllt hat?« Lassen Sie nicht locker, bis Sie ein einigermaßen klares Bild von dem Zustand nach dem Wunder vor Augen haben. Fragen Sie sich konsequent: »Und was wäre noch anders? – Und was noch? – Und was noch?«

Je länger Sie in diesem Zustand bleiben, umso mehr Details werden Ihnen einfallen. Bleiben Sie also so lange, wie es geht, bei dieser Vision, spielen Sie verschiedene Begegnungen durch und betrachten Sie diese aus der Warte des Wunders.

Sobald Sie etwas verändert haben, kann es sein, dass Sie damit in Ihrer Umgebung auf Ablehnung stoßen. Nur zu gerne hätten viele Menschen Sie genau so, wie Sie zuvor waren – egal, wie problematisch das für Sie gewesen ist! Es kann auch sein, dass andere erst Zeit brauchen, um sich an neue Verhaltensweisen zu gewöhnen. Anstatt sich von Gegenwind entmutigen zu lassen, nutzen Sie ihn und fragen Sie sich gleich: »Und jetzt, wo das Wunder geschehen ist, wie gehe ich mit dieser Ablehnung um?«

Machen Sie sich kurze Notizen zu den Ideen, die Sie aus dieser Reise in den Raum der zukünftigen Möglichkeiten mitgebracht haben:

....

....

....

....

....

Die Reise in die Vergangenheit

Erst wenn Sie sich gründlich Ihre Zukunft angesehen haben, reisen Sie in die entgegengesetzte Richtung. Erinnern Sie sich jetzt an Situationen in der Vergangenheit, in der Sie in ähnlich schwierigen Situationen schon einmal dem Wunder nahe waren. Es kommt nicht darauf an, wie nahe Sie dem Wunder waren, sondern ob Sie ihm damals näher waren als jetzt! Fragen Sie sich: »Wie bin ich damals mit solchen Situationen umgegangen und wie habe ich sie erfolgreich bewältigt?« oder »Was habe ich damals anders gemacht als heute, und was davon könnte auch heute wieder nützlich für mich sein?«.

Es ist besonders wichtig, bei der Reise in den Raum der vergangenen Möglichkeiten, sich immer wieder auf sich selbst zu beziehen. Widerstehen Sie der Versuchung, andere als Ursache für damalige Probleme verantwortlich zu machen. Selbst wenn andere in irgendeiner Form Schuld an Ihrer Situation getragen haben – diese Erkenntnis nützt Ihnen nichts, wenn Sie sich auf die Suche nach Ideen für die Lösung Ihrer Probleme in der Gegenwart machen. Bleiben Sie ganz auf das fokussiert, was Sie aktiv beitragen konnten, um in der Vergangenheit Schwierigkeiten zu überwinden.

Hier können Sie die Ergebnisse Ihrer Reise in die Vergangenheit kurz beschreiben:

....

....

....

....

....

Schritt 6: Der nächste Schritt

Sie haben die Möglichkeiten der Gegenwart ebenso ausgelotet wie die Möglichkeiten der Zukunft und sogar die der Vergangenheit. Wenn diese Reisen für Sie erfolgreich waren, dann dürften Sie jetzt mit einem Bündel an Gedanken, Ideen und Bildern ausgestattet sein, die es Ihnen erlauben, neue Lösungswege einzuschlagen, um sich Ihren Wunsch zu erfüllen.

Doch um wirklich von der Kraft des Wunders profitieren zu können, ist es wichtig, diese Möglichkeiten im Hier und Jetzt zu verankern. Dabei hilft uns eine Skala von eins bis zehn: Stellen Sie sich das Wunder und alle Möglichkeiten, die damit zusammenhängen, an der Position der Zehn vor. Setzen Sie die Eins mit dem Zustand gleich, bevor Sie sich daran gemacht haben, Ihr Problem nach der Art der Glückskatze zu lösen. Dann fragen Sie sich:

→ *Wo befinde ich mich im Augenblick?*

Notieren Sie sich diese Zahl.

....

Dann überlegen Sie sich: »Bei welcher Zahl wäre ich schon so nahe an der Erfüllung meines Wunsches, dass ich zu mir selbst sagen würde: Das ist ein gutes Ergebnis!« Auf diese Weise geben wir dem Wunder eine Form, die wir, von der Gegenwart aus betrachtet, als leichter zu erreichen betrachten können.

200

Notieren Sie sich diese Zahl, aber schreiben Sie dazu, *woran Sie ganz konkret merken werden, dass Sie diese Position erreicht haben.* Was ist dann anders? Versuchen Sie sich hier so genau wie möglich in Situationen hineinzuversetzen. Nutzen Sie dazu auch die Methode, sich wie in einem Film zu betrachten! Was beobachten Sie dann? Wie verhalten Sie sich? Wie reagieren Sie auf andere, wie reagieren diese auf Sie, und wie reagieren Sie wiederum auf diese Reaktionen?

....

....

....

....

....

In der Regel ist zwischen dieser Zahl des guten Ergebnisses und Ihrem jetzigen Zustand noch genügend Luft, um weitere Zwischenschritte zu planen. Selbst wenn es sich nur um eine einzige Stufe handelt, dann teilen Sie die Schritte eben in noch kleinere Einheiten von halben oder sogar viertel Schritten auf.

Es geht nun darum, den nächsten kleinen Schritt herauszuarbeiten, den Sie in Richtung auf die Erfüllung Ihres Wunsches gehen können.

Dieser nächste kleine Schritt sollte bestimmte Bedingungen erfüllen:

→ Er sollte wirklich *klein* sein.

→ Er sollte *jetzt gleich,* spätestens aber morgen durchführbar sein.

→ Er sollte den *Beginn* von etwas Neuem markieren und nicht etwas sein, mit dem wir aufhören.

→ Er sollte etwas sein, das wir *unabhängig von äußeren Bedingungen* durchführen können, sei es das Wetter oder die Unterstützung durch andere.

→ Er sollte *klar* formuliert werden können.

→ Er sollte uns das Gefühl geben, dass *Veränderung möglich* ist, egal wie das Ergebnis aussieht, nachdem wir den Schritt getan haben.

Wie also könnte dieser nächste Schritt bei Ihnen aussehen? Welche Ideen haben Sie dazu? Nicht immer muss dieser Schritt mit einer bestimmten Aktion verbunden sein. Er könnte zum Beispiel auch darin bestehen, die Aufmerksamkeit noch einmal bewusst darauf zu lenken, was gerade gut läuft.

Es muss auch nichts Spektakuläres sein, sondern könnte mit der Aufforderung verbunden sein, etwas, das gerade gut funktioniert und Ihnen guttut, einfach weiter zu tun. Sie könnten sich natürlich auch aus dem Paket an Möglichkeiten, die Sie aus Ihrem Besuch im Wunderraum mitgebracht haben, etwas aussuchen und es gleich ausprobieren. Wenn Sie mehrere Möglichkeiten haben, könnten Sie auch den Zufall entscheiden lassen, was davon Sie zuerst versuchen. Ebenfalls eine spannende Idee ist es, sich für einen bestimmten Zeitraum vorzunehmen so zu tun, als ob das Wunder geschehen wäre! Lassen Sie sich überraschen, welche neuen Seiten Sie dann an sich entdecken werden!

Welchen nächsten Schritt möchten Sie also tun?

....
....
....
....
....

Schlusswort

Am Schluss möchte ich Ihnen die fünf Merkmale des Glücks mit auf den Weg geben. Sie helfen Ihnen, sich auch weiterhin daran zu erinnern, dass Glück überall ist – wenn wir ihm Aufmerksamkeit schenken.

Wünsche sind die Vorboten des Glücks. Sie haben sich mit Ihren Wunschträumen auseinandergesetzt und sie als Quelle der Sehnsucht entdeckt, aus der die Kraft für Veränderung in Ihrem Leben sprudeln kann.

Glück heißt, den Möglichkeitssinn in sich zu wecken. Sie haben gelernt, die Tür in den Raum der Möglichkeiten zu öffnen, indem Sie sich die Wunderfrage gestellt haben, in der sich über Nacht alle Ihre Wünsche erfüllen und Ihre Sorgen und Nöte verschwunden sind.

Glück wird von der Erinnerung an das Gute im Leben angezogen. Sie haben erkannt, dass Ihr Leben voller Ressourcen ist, wenn Sie sich auf das konzentrieren, was gut läuft, anstatt auf das, was schiefläuft, und indem Sie sich an Gelegenheiten erinnert haben, in denen Sie dem optimalen Glückszustand schon einmal näher waren.

Glück kennt viele Schattierungen. Sie haben die Skala angewendet, um das Glück in seinen feineren Abstufungen im Alltag entdecken zu können und den Weg in ein noch zufriedeneres und glücklicheres Leben als schrittweisen Prozess zu verstehen.

Glück beginnt – jetzt gleich! Sie haben erkannt, dass das große Glück mit kleinen Veränderungen beginnen kann und Sie im Hier und Jetzt aktiv werden können.

Weiterführende Literatur

Nick Barkow: Katzenmärchen aus aller Welt I. Gondrom Verlag, Bindlach 1993

Dainin Katagiri: Each moment is the universe: Zen and the way of being time. Shambhala, Boston & London 2007

Dainin Katagiri: Rückkehr zur Stille. Zen – Praxis im täglichen Leben. Theseus, Stuttgart 1988

Dainin Katagiri: You have to say something: Manifesting Zen insight. Shambhala, Boston & London 2000

Steve de Shazer: »Worte waren ursprünglich Zauber« – Lösungsorientierte Kurztherapie in Theorie und Praxis. Verlag Modernes Lernen, Dortmund 1998

Raymond M. Smullyan: Das Tao ist Stille. Krüger, Frankfurt, Frankfurt 2002

Insa Sparrer, Matthias Varga von Kibéd: Ganz im Gegenteil. Carl-Auer-Systeme, Heidelberg 2005

Shunryu Suzuki: Zen-Geist, Anfänger-Geist. Theseus, Stuttgart 2000

Christopher A. Weidner: Wabi Sabi - Keine Zeit und trotzdem glücklich. Wie Sie die Kostbarkeit des Augenblicks entdecken und Ihren Rhythmus finden. Knaur Ratgeber, München 2008

Christopher A. Weidner: Wabi Sabi – Nicht perfekt und trotzdem glücklich. Der asiatische Weg zu mehr Gelassenheit. Knaur Ratgeber, München 2007

Register